# Elke Weickelt

Retrospektive
Werke 1991–2024

## SoSein
## und
## DaSein

WUNDERHORN

Inhalt

## Grußwort

Prof. Dr. Eckart Würzner
Oberbürgermeister der Stadt Heidelberg

Mit großer Freude präsentieren wir Ihnen den Ausstellungskatalog, der die künstlerische Reise der Heidelberger Künstlerin Elke Weickelt unter dem Thema »SoSein und DaSein« einfängt. In dieser Sammlung von Werken offenbart sich ihre künstlerische Entwicklung, die durch die Auseinandersetzung mit ursprünglicher Kunst, Ausdrucksformen fremder Kulturen, Kinderzeichnungen und Bildern der sogenannten Outsider Art angestoßen wurde.

Die 1953 in Oldenburg i. O. geborene Künstlerin absolvierte nach ihrem Hochschulstudium und der anschließenden Promotion ihre künstlerische Ausbildung an der Freien Kunstakademie Mannheim. Sie ist Preisträgerin des Welde-Kunstpreises, des Willibald-Kramm-Preises und des 1. Kunstpreises des Kunstkreises Südliche Bergstraße e. V. Wiesloch-Walldorf. Zahlreiche Einzel- und Gruppenausstellungen dokumentieren ihre künstlerische Laufbahn.

Der Katalog begleitet die vom Kulturamt initiierte Ausstellung im Kurpfälzischen Museum, die Teil der jährlich stattfindenden Ausstellungsreihe »Retrospektiven Heidelberger Kunstschaffender« ist. Mit dieser Unterstützung würdigt die Stadt Heidelberg das künstlerische Werk Heidelberger Künstlerinnen und Künstler.

Mit der Retrospektive danken wir Elke Weickelt für ihre herausragende künstlerische Leistung. Für die kreative Arbeit wünsche ich der Künstlerin weiterhin viel Erfolg und Freude.

## Elke Weickelt – Retrospektive

Dr. Kristina Hoge (Kunsthistorikerin)

Eine retrospektive Ausstellung zu einem künstlerischen Werk ist oft in vielfacher Hinsicht aufschlussreich. Kontinuitäten und Brüche werden deutlich und im besten Fall gewinnt man Erkenntnisse über immer wieder eingesetzte Stilmittel, das kompositorische Denken, wiederkehrende Themata. Von den Anfängen ihres künstlerischen Schaffens 1991 bis in die Gegenwart hat Elke Weickelt jeweils mindestens ein Bild als Repräsentant herausgesucht, um den Aspekt der Entwicklung der eigenen Arbeit zu beleuchten. So entsteht eine erkenntnisreiche Reise, die eben jene roten Fäden aufzeigt, die ein relevantes künstlerisches Schaffen prägen.

Elke Weickelt ist eine ›Vielgereiste‹ – im realen Leben ebenso wie im Geiste. Die vielen Eindrücke, Begegnungen, gewonnenen Erkenntnisse wollen verarbeitet werden und anderen als Anregung oder Anlass zum Nachdenken dienen. Dies alles in Kunst zu formulieren ist ein existentielles Bedürfnis. Das war schon immer so, auch schon bevor sich die Künstlerin entschließt – nach einem abgeschlossenen Medizinstudium – an der ›Freien Kunstakademie‹ in Mannheim Kunst zu studieren. Ebenso ausgeprägt wie das Bedürfnis nach künstlerischem Ausdruck ist das Interesse an fremden Kulturen. Auch hier geht es Elke Weickelt nicht nur um oberflächlich Angelesenes, sondern vielmehr um hautnah Erlebtes. 1980 verbringt die Künstlerin ein Jahr allein in Südostasien, eine intensive Erfahrung, die sie im Jahr 2019 noch einmal in Südamerika wiederholt. Dort erkundet sie allein das Amazonasgebiet, arbeitet in Tierauffangstationen und hält diese Erfahrungen im Nachhinein in einem Buch fest. Insbesondere die zweite Reise wird prägenden Einfluss auf das künstlerische Werk nehmen.

Doch zurück zu den Anfängen 1991/92: Die Werkreihe der ›**Urgeschöpfe**‹ zeigt reduzierte, nicht real verortbare Figurationen, die an Götterbilder archaischer Kulturen erinnern. Sie sind in pastosem Farbauftrag mit deutlich abgesetzten Konturlinien formuliert. Die Bildfläche wird von den jeweiligen Motiven okkupiert und ausgefüllt. Die Kompositionen sind flächig organisiert. Tiefe entsteht durch Staffelung oder Schichtung und spinnt so kunstgeschichtliche Rückbezüge auf Kompositionsschemata, die lange vor Einführung der Zentralperspektive zum Tragen kamen. Der dynamisch gestische Pinselduktus ist angelehnt an die Strömung der informellen Malerei. Körper gehen in abstrakte Farbflächen über oder lösen sich auf in einem vereinheitlichend eingesetzten Bildton, aus dem farbige Partien des Untergrundes hervorleuchten. Ein deutlicher Hinweis auf die Vielschichtigkeit des Farbgrundes, der durch Abkleben oder sgrafitto-artiges Herauskratzen intensiv bearbeitet ist. Die so entstandene reliefartige Oberfläche mit lebhaften Texturen übt einen starken haptischen Reiz aus.

Angesichts dieser reliefartigen, beinahe plastisch gearbeiteten Strukturen erscheint es als eine logische Fortführung, dass auch Skulpturen und Arbeiten im öffentlichen Raum das Schaffen der Künstlerin ergänzen. Als räumliche Umsetzung von Gemaltem oder Gezeichnetem bilden die Skulpturen gleichsam eine Analogie zu den oftmals in ihrer Isoliertheit im Bildraum so monumental oder eben skulptural wirkenden Zeichen, Dingen und Figuren.

In den Jahren 1993/94 erfährt die kompositorische Anlage der Bilder eine deutliche Beruhigung. Die Künstlerin lässt mehr ›freie‹ Fläche stehen, wobei der Hintergrund pastos bleibt und mit gespachtelten Spuren und Ritzungen lebendig strukturiert ist. Insofern ist ein Anknüpfen an das gestische Arbeiten des Informel noch präsent, Figuratives aber verschwindet und stattdessen kommt archaisch **Zeichen**haftes ins Spiel. Rätselhaft schweben hieroglyphenartige Pictogramme im Bildraum und wirken wie Chiffren für etwas, – ein tradiertes Wissen etwa, dessen Sinnzusammenhang aus den Tiefen des Unterbewusstseins geborgen werden muss. Andere erinnern in ihrer Aufreihung an eine abstrakte Partitur mit lauten und leisen Noten, verhaltenen Tönen und klaren Akzenten. In Konstellation mit geometrisch orientierten Formen oder Farbflächen entsteht eine Art Zwiegespräch zwischen den Bildelementen, dessen einfache Stille den Betrachter durch eine ungemein tiefe Präsenz und Wahrhaftigkeit gefangen nimmt.

In einigen Fällen werden die Zeichen gefasst in rasterartige Strukturen, deren einzelne quadratische Kompartimente gleichsam die ganze Palette der bis dato eingesetzten künstlerischen Techniken und Stilmittel offenbaren. Diese Arbeiten zeigen das für die Künstlerin charakteristische Interesse an Reihungen und Wiederholungen ebenso wie an einem collageartigen Einfügen von Elementen und wirken wie eine Reflexion über die eigene Arbeit.

Von den archaischen Zeichen führt der künstlerische Weg zu einfachen Grundformen: **Dreieck – Viereck – Rundes.** Mitte der 90er Jahre begegnet erstmals die Hausform, die in der Werkphase ab 2004 zu einem der wesentlichen Bildakteure werden wird. Letztlich ist es ein Amalgam aus Quadrat und Dreieck, das der Betrachter zu einer Hausform assoziiert. Die Vorgehensweise der Künstlerin besteht darin, die Dinge so weit zu verdichten und zu reduzieren, dass das Bildgedächtnis des Betrachters aktiviert wird und er das formal nur Angedeutete weiter ergänzt. Es ist eine tief zu den Ursprüngen gestalterischen Ausdrucks zurückführende Erinnerung, die Elemente von Kinderzeichnungen ebenso in sich trägt wie Anklänge an archaische Frühkulturen.

In dieser Werkphase (um 2000/01) bildet sich der für die Künstlerin so charakteristische Bildgrund heraus, der auf den flüchtigen Blick als ›beige‹ bezeichnet werden könnte, aber auf Grüntönen aufbaut und fortan tonangebend sein wird. Überhaupt ist jetzt eine ganz spezifische Farbpalette präsent, die neben dem angesprochenen Hintergrundton geprägt ist von gedämpften Blau-, Rot-, Grautönen mit Akzenten von Gelb, Braun und Schwarz. Die einfachen geometrischen Formen, die die Bildwelt von Elke Weickelt nun beherrschen, zeigen teilweise ornamentale Muster und wirken insgesamt gar nicht wirklich streng geometrisch. Mit einer Orientierung an Kunstströmungen des Konstruktivismus oder der Minimal Art wird also lediglich spielerisch umgegangen. Zwar sind

Farbeinsatz und Formsprache bewusst reduziert, entsprechen aber doch niemals einem eindeutigen, klaren Konstrukt, wie es die beiden vorgenannten Richtungen erwarten würden. Bei Elke Weickelt dominiert das Handgemachte. Es gibt keine geraden Linien, alles fällt aus dem Rahmen, weicht ab von einer Norm und erscheint dadurch in seiner Einfachheit besonders interessant und bemerkenswert. Elke Weickelts Formen sind immer Individuen, die gerade durch das Unangepasste so lebendig, anregend und menschlich wirken.

Werden die einfachen Grundformen miteinander oder mit linearen Elementen in Verbindung gesetzt, so entspinnt sich eine Art dialogischer Kommunikation, die humorvoll-spielerische Akzente einbringt, aber niemals endgültige Deutungsebenen zulässt. In einem großformatigen Bild-Diptychon – das von der kompositorischen Anlage ein wenig an die früheren ›gerasterten‹ Zeichen-Bilder erinnert – wird der bildimmanente Dialog so weit ausgereizt, dass die Komplexität der Verbindungen an eine von oben gesehene bauliche Struktur erinnert. Wegstrecken schlängeln sich zwischen kubischen und spitzdachigen Bauten und weisen gleichzeitig dem Auge des Betrachters einen Weg durch die Arbeit.

Hier deutet sich eine neue Facette im Werk von Elke Weickelt an, das Moment der **Bewegung**, das in den Jahren ab 2004 ein wesentlicher Faktor wird. Zu dem bereits aufgetauchten Haus als einem Amalgam aus Viereck und Dreieck gesellen sich weitere Verschmelzungen, die als assoziative Wahrnehmung ›gelesen‹ werden können, etwa als Blume, Berge, Sonne. Wieder ist es die Art und Weise, wie die Künstlerin ihre Bildelemente dialogisch in Beziehung zu einander setzt, die das Moment der Bewegung in die Bilder einbringt. Ein Haus scheint auf einer Stufe zu kippen, mehrere kleine Hausformen bewegen sich über steile Gebirgshänge oder stehen sich auf einem quadratischen Grundraster wie auf einem Schachbrett gegenüber. Zart, fragil und doch neugierig wirkt die rote Kreisform auf einer schmalen Linie wie eine Knospe oder Blüte an langem Stengel oder ein im Raum schwebender Ballon – die gleiche Konstellation kann aber ebenso begegnen als ein den Abhang hinunterrollender Ball oder eine Blume in einer Vase. Die irrationale Platzierung der Einzelelemente erzeugt surreale Stimmungen und suggeriert Bewegung und Spiel, wo eigentlich fast gar nichts ist. Dinge fallen aus der Reihe, werden zu Individuen, befreit aus der rein dienenden Funktion agieren sie als Alter Ego für den Menschen.

In dieser Phase kommt nun auch Perspektive ins Spiel. Eine Horizontlinie, geschlängelte Wege, gestaffelte Elemente, die in die Tiefe führend **Räume** eröffnen. Ein Haus ratlos am Anfang eines labyrinthischen roten Weges, flankiert wird es von zwei grauen Flächen, die ins Bild hineindrängen und den Ausweg versperren. Der Tiefenraum wird – typisch für Elke Weickelts Handschrift – ganz einfach organisiert, ohne je einer ›richtigen‹ zentralperspektivischen Konstruktion entsprechen zu wollen. Das Bildgeschehen wird insgesamt komplexer und zunehmend wieder von mehr Akteuren bestimmt, wodurch ein erzählerischer Duktus aufkommt. Alle Bild-**Geschichten** bleiben gleichwohl völlig rätselhaft und in der Schwebe. Titel oder andere Vorgaben, die vom Hinschauen und der persönlichen Auseinandersetzung ablenken könnten, gibt es im Werk der Künstlerin nicht – der Ansatz für unterschiedliche Assoziationen und Interpretationen soll offen bleiben.

Eine neue Beschäftigung mit ursprünglicher Kunst und ebenso den eigenen **Ursprüngen** im künstlerischen Werk beginnt ab 2010 und setzt sich fort in Arbeiten über die Sammlung Prinzhorn in 2011, einer dialogischen Begegnung mit den Werken von Minna Ennulat im Museum Haus Cajeth 2014 und schließlich der Auseinandersetzung mit Kinderzeichnung, thematisiert in einer Ausstellung für die Willibald-Kramm-Preis-Stiftung 2018. Hier zeigt sich noch einmal, aus wie vielen Quellen Elke Weickelt schöpft: Eigene Reisen, Ethnologie und Kunstgeschichte fließen als anregende Faktoren ebenso ein wie Kinderzeichnungen und die Kunst von Außenseitern. An all dies knüpft die Künstlerin an, spielt mit Techniken, Stilen und Vorstellungswelten, um daraus immer etwas ganz Eigenes entstehen zu lassen.

Als einen massiven Einschnitt bezeichnet die Künstlerin selbst ihre Südamerika-Erfahrungen. In diesem Jahr 2019, das sie ganz allein auf sich gestellt hauptsächlich im Amazonasgebiet verbracht hat, wurde nicht gemalt. Die verdichteten Eindrücke schlagen sich aber ab 2020 deutlich im künstlerischen Werk nieder. Die **Erdlinge** treten als Protagonisten in Erscheinung. Mensch / Tier oder auch Mensch / Natur bilden jetzt das für Weickelts Schaffen so charakteristische Gegensatzpaar. Diese Beziehung wird spielerisch, kritisch, ironisch und immer in dialogischer Konstellation beleuchtet. Die Themen sind scheinbar zeitlos aktuell und spiegeln die Erfahrungen des Erlebten in Südamerika wider: Naturzerstörung, Klimawandel, der Umgang mit der indigenen Bevölkerung, Entmenschlichung, Entfremdung. Während im vorherigen Werk der Künstlerin eher eine Konzentration auf wenige Motivpaare stattgefunden hatte, wird das Bildgeschehen nun kleinteiliger, vielfiguriger, verspielter – vielleicht gerade weil die inhaltlichen Bezüge auf eine eher skeptische Grundhaltung hindeuten. Neben dem erzählerischen Duktus ist es vor allem die Farbigkeit, die sich verändert hat. Gegenüber dem verhaltenen Grundtenor der früheren Arbeiten wirken die Farben geradezu von explosiver Strahlkraft und ungewohnt heiterer Leichtigkeit. Der Kontrast zu dem gedämpft verbleibenden charakteristischen Hintergrundton sowie ein Spiel mit den Größenverhältnissen verstärken die surreale Wirkung. Mensch oder stellvertretend zivilisatorische Elemente und Tier oder stellvertretend Natur begegnen sich ›auf Augenhöhe‹, sind dialogisch einander zugewandt und bewegen sich doch zumeist in getrennten Ebenen. Diese Bereiche sind auch rein malerisch voneinander unterschieden – eine Kommunikation scheint vorhanden, ein Verständnis indes ist wenig wahrscheinlich und so bleibt die Existenz eher ein Nebeneinander anstelle im Einklang miteinander.

In der abschließenden Gesamtbetrachtung des künstlerischen Schaffens von den Anfängen bis in die Gegenwart bleibt festzustellen, dass die Brüche, selbst in der aktuellen Werkphase, nicht so groß sind wie vielleicht bei flüchtiger Auseinandersetzung zunächst vermutet. Vielmehr wird deutlich, dass die Künstlerin bevorzugt, in mehr oder weniger in sich geschlossenen Bildfolgen und Werkblöcken zu arbeiten, in denen sie im fortschreitenden Kontinuum ihrer Reihen und Folgen Variationen durchspielt und so in der selbstreflexiven Betrachtung ihres Werkes dieses stets im Kontext logisch weiterentwickelt.

Ein Kontinuum im Schaffen der Künstlerin bleibt immer die Suche nach dem Ursprünglichen, Archaischen, Archetypischen. Die chiffrenhaften Zeichen, das Vereinfachte als Prinzip und immer wieder Gegensatzpaare wie Linie und Fläche, Norm und Abweichung, geometrisch und organisch, Zivilisation und Natur bestimmen das bildnerische Denken der Künstlerin.

In allen Werkphasen zeigt sich, dass, so reduziert und scheinbar einfach die Bilder von Elke Weickelt auch scheinen mögen, es immer Arbeiten sind, die ergründet werden wollen und sich einem oberflächlichen ›Konsumieren‹ verweigern. Der oft mühevolle Weg, das Einfache und Klare zu finden und gleichsam zur Essenz der Dinge vorzudringen, das prozessuale Vorgehen, das sich die Künstlerin hierfür erarbeitet hat, spiegeln sich in der rätselhaften Komplexität und eindrucksvollen Präsenz ihrer Bilder, die immer ein im besten Sinne eigenwilliges und unangepasstes Schaffen verkörpern, das sich keinen Normen und Regeln beugt und trotzdem die Kraft zur Selbstreflexion und Weiterentwicklung in sich trägt.

## Urgeschöpfe

1991 – 1993

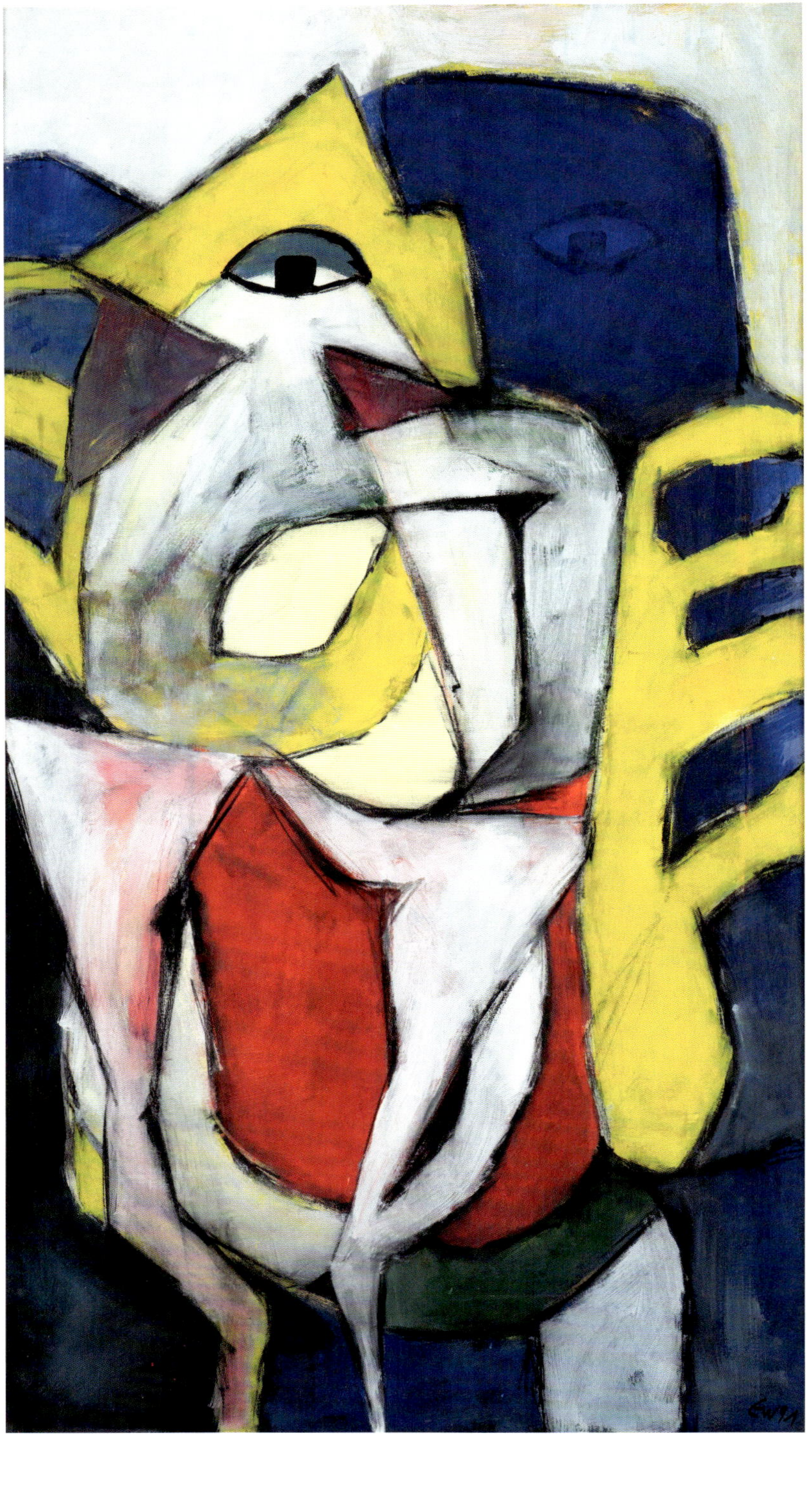

Werknr. 91 – 2, 1991, Acrylfarbe, Leinwand, 105x58cm

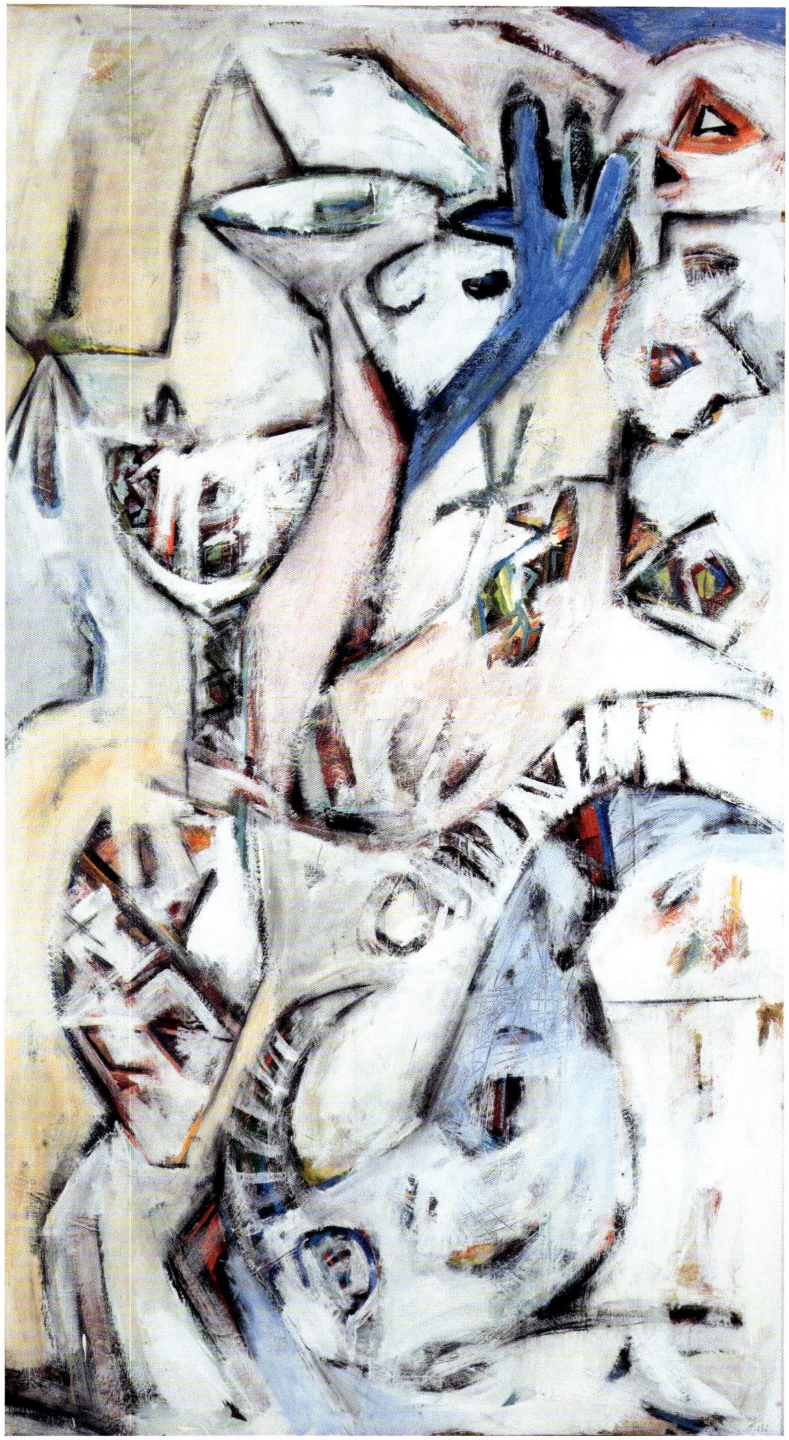

Werknr. 92 – 8, 1992, Acrylfarbe, Leinwand, 165x90cm

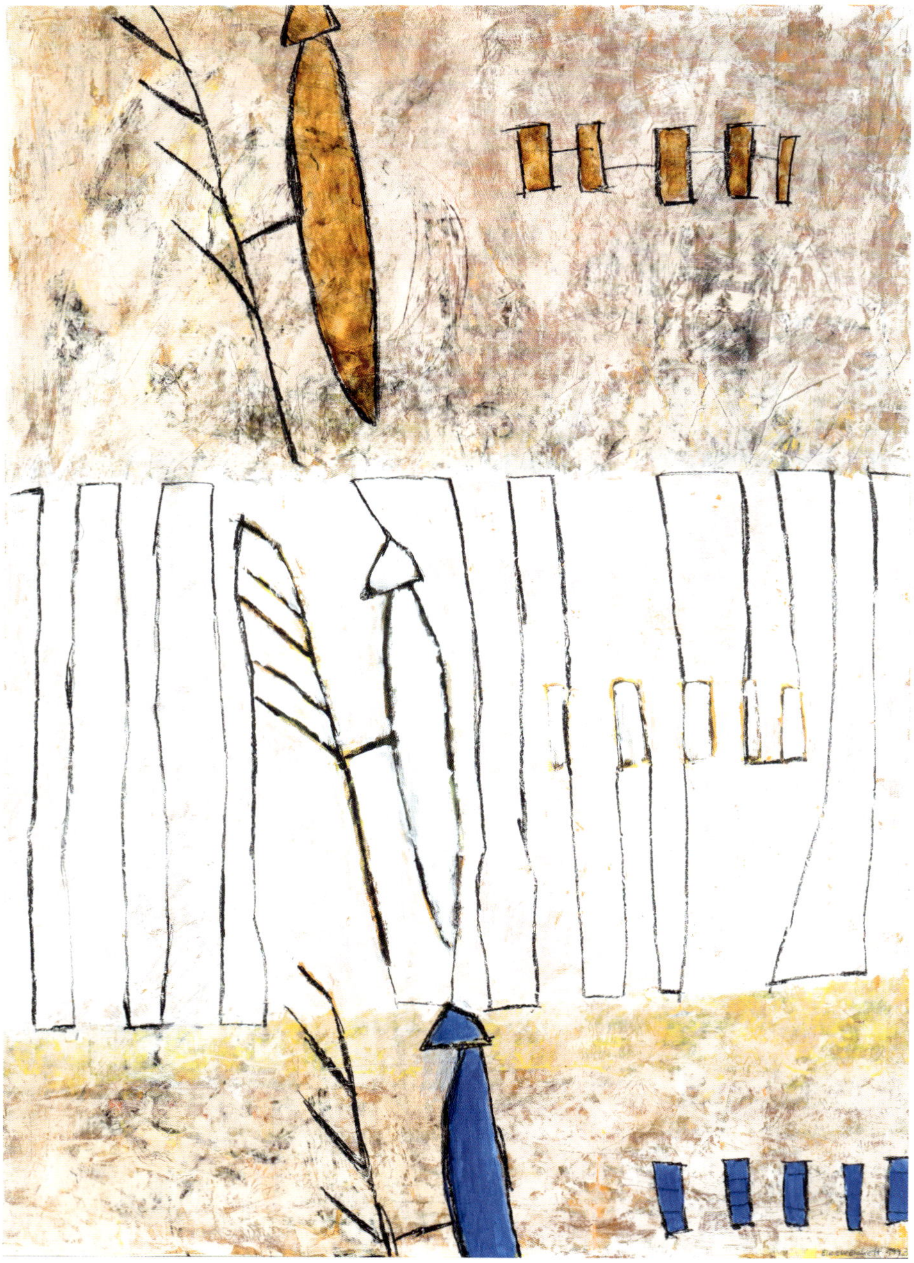

Werknr. 93 – 30, 1993, Mischtechnik, Papier, 85x60cm

## SoSein und DaSein
## Retrospektive – Elke Weickelt von der Urgeschichte bis zu den Erdlingen

Antje Reinhard (Hochschuldozentin für Ethik und Ästhetik)

Als Sosein bezeichnet Elke Weickelt ihr »ich bin« und meint damit die psychologische Ebene, ihre Persönlichkeit, Eigenarten, Gefühle, den Charakter, trennt aber sogleich zwischen der Privatperson und der Künstlerin. Die Privatperson ist getragen von Werten, Beziehungen, Erfahrungen, die sich im Denken und Verhalten niederschlagen.

Ihr künstlerisches Sosein unterscheidet sie jedoch davon explizit, schildert es als eigenwillig, auf das Kreative fokussiert. Sie spricht von ihrem *Malwesen*. Ihre künstlerische Persönlichkeit hat nicht dieselbe Konstanz wie die soziale, sie befindet sich ganz im Gegensatz dazu in ständigem Wandel.

Das hat mit dem zu tun, was Weickelt ihr Dasein nennt: die Verflochtenheit ihrer Existenz in die Zeit. Sie betont die Rolle, die der Zeitgeist in ihrem Wesen als Künstlerin spielt, spricht vom Kunstschaffen als Reaktion auf den Zeitgeist. Diese Reaktion darf man nun aber nicht als eine funktionale, etwa von politischer Handlungsintention bestimmte missverstehen. Sie liegt vielmehr in der unmittelbaren Gegenwärtigkeit des ästhetischen Tuns begründet. *Jetzt* malen in diesem Sinne bedeutet, jetzt wach zu sein, jetzt anwesend zu sein, nichts zu entwerfen, sondern auszudrücken, was *da* ist.

Es lohnt sich in diesem Kontext, einen genaueren Blick auf die Dimension der Anwesenheit und ihr Gegenteil zu richten. Was ist hier da? Wer ist hier anwesend? Zweifellos die Künstlerin, aber ganz gewiss ist sie es nicht alleine.

Die Art und Weise, in der Elke Weickelt mit dem Zeitgeist rechnet, könnte sie für eine WG mit einem seiner Erfinder, dem Philosophen G. W. F. Hegel, prädestinieren. Für Hegel ist der Zeitgeist nicht wie seine kapitalistische Schrumpfform in der zweiten Hälfte des 20. Jahrhunderts eine Modeströmung, mit der wir aus Distinktionsgründen mitschwimmen, sondern ein sich je und je in der Geschichte entfaltender objektiver Weltgeist. Er gehört zur im Wortsinn *Wirk*lichkeit sozialer Dialektik. Dem Individuum gegenüber befindet sich ein Agens, dem es antwortet. Das wirft ein Licht auf das manchmal irritierende Wiederfinden eines im eigenen Schaffensprozess unmittelbar aufgetauchten Motivs in einer aktuellen Ausstellung von Werken anderer Zeitgenossen. Die Duplizität entsteht hier nicht durch Mimesis, sondern im Antworten auf das Wirken der Welt.

Hegel hätte gesagt: »Es« denkt. Bei Elke Weickelt verschiebt sich das zu: »Es« malt.

In welchem Verhältnis kann man sich nun die Antwortende zum Anwesenden vorstellen? Woraus besteht die Antwort? Jedes Sosein ist ein Herkommen von einem Davor, ist tiefer zeitlich gepolt als räumlich und im Antworten schon wieder einen Schritt weiter.

So betritt zugleich das Abwesende die Bühne und mit ihm die Sehnsucht. Die Malerin, eine aus Vergangenem auftauchende Ursache, begegnet der Welt, deren Wahrnehmung vermittels der Sinnesreize das Neuronenspiel des Gehirns zunächst reduziert und dann selektiv mit Bedeutung auflädt.

Was in der Malerei ausgedrückt wird, entsteht im Zwischenreich zwischen Bewusstsein und neuronaler Kognitionsmaschinerie, wird geordnet vom Wesen der Künstlerin und ist solcherart verwandelte Welt. Es handelt sich dabei um einen Prozess der Distanzierung, um ästhetisches Denken. Wie ein Name ruft das Bild Welt auf, indem es in der Materialität des Gemalten anwesend auf Abwesendes verweist.

Und doch fehlt diesem Erscheinen auf der Basis von Pigmenten, Kunststoff und Malgrund aller Arten das lebendige Sein. Es hat kein Wesen aus sich selbst heraus. Damit Malerei zu uns sprechen kann, braucht sie einen zusätzlichen Stoff, der eine Art alchemistische Wandlung auslöst. Der stammt aus der Realität des Abwesenden. Das, worauf ein Bild verweist, ist von der Malerin als wirklich erlebt worden und es ruft in denen, die es betrachten, Spuren auf, Erinnerungen an womöglich andere, aber ebenso reale, bewusste oder unbewusste, aber eben noch immer nachhallende Erfahrungen.

Nur was ein Wesen hat, kann Spuren hinterlassen. Ernst Bloch, für den die Sehnsucht eine Invariante der Utopie ist, bezeichnet die Sehnsucht als das gewisseste Sein des Menschen. Hierin liegt die ungeheure Dynamik des Abwesenden, um das letztlich alle Kunst kreist, nicht nur die bildende: Mit seinem »Etwas fehlt« schreit es uns an, provoziert, verlangt Antworten und schickt uns, wo wir sie schuldig bleiben (müssen), die Melancholia.

Das Abwesende scheint dem Fremden verwandt, das sich durch nichts assimilieren lässt, an dem alle Was-ist-es?-Fragen abprallen und jedes Projekt der Weltbeherrschung scheitern muss. Im Modus des Staunens lässt sich ihm vielleicht am ehesten antworten, indem wir in der Tradition der Kleist'schen allmählichen Verfertigung der Gedanken beim Reden antwortend geben, was wir nicht haben.

»Oh day and night, but this is wondrous strange.« (W. Shakespeare, Hamlet I, 5)

Von der Urgeschichte bis zu den Erdlingen handelt Elke Weickelts Kunstschaffen vom Lebendigen. Selbst in den Kapiteln, in denen sie den Strukturen und Zeichen, den einfachsten Formen, dem Dreieck, Viereck, dem Runden, wie es bei ihr heißt, nachspürt, bleibt der Bezug zur Ursprünglichkeit präsent. Bereits in dem Wort ist das Springen mitenthalten und in der Bewegung das Organische. Wie eine Archäologin legt Weickelt mit dem Pinsel feine Spuren frei, keine Forscherin im Dienste der Wissensgenerierung, auch keine Pädagogin, sondern nur dem eigenen Staunen verpflichtet.

So gesellt sich zum Abwesenden die Freiheit. Die ist bei Weickelt aber nicht die negative Freiheit des keinem Souverän mehr unterworfenen, frei geborenen Individuums im Sinne von Hobbes und Locke, keine des Selbst- und Raumbesitzes, die den Blick auf die Zeit verstellt und so auch den Tod verdrängt, die absolute Grenze des Selbstbesitzes. Sie steht eher in der Tradition des Freiheitsbegriffs von Hannah Arendt, die die Idee der Freiheit aus dem Vollzug des menschlichen Handelns entwickelt, das eingespannt ist in zwei Grenzerfahrungen – Geburt und Tod. Während Existentialist:innen wie Simone de Beauvoir und Jean Paul Sartre aber den Freiheitsdiskurs von der Sterblichkeit des Menschen her aufrollen, stellt Hannah Arendt die Gebürtlichkeit des Menschen an den Anfang der Freiheit. Wir sind aus Anfang gemacht und wir können immer wieder anfangen. Unsere Dauer in der Zeit verurteilt nicht zur Stagnation, zur ewigen Wiederholung des Gleichen. Arendt spricht von Natalität, wenn sie über diese wesenhafte Potenz des Menschen nachdenkt. Aber sie denkt sie eben nicht als existentialistischen Selbstentwurf, der schon wieder etwas von einer Kontrollphantasie in sich trüge, »Herstellen nach Bauanleitung«, sondern sie bleibt im pathischen Bild der Geburt.

Hier findet sich eine Nähe zu Elke Weickelts Gedanken über ihr eigenes *Kunstwesen*. Das beschreibt sie als ein Sich-immer-wieder-Ändern, Anders-Sein. Kreativität fängt stets neu an, sie wiederholt das Geborenwerden mit allen Unwägbarkeiten, der Prozess bleibt offen, bleibt riskant und mit dem Lebendigen im Bunde.

In Hannah Arendts Freiheitsentwurf wird wesentlich ein Zweites deutlich: Befreiung hat mit anderen zu tun. Wir sterben alleine, aber kein Mensch wird alleine geboren. Eben kein Sartre'sches »L'enfer c'est les autres«! Auch Weickelt spricht im Kontext des Zeitgeists von ihrer Beziehung zu allen anderen, auch zur Erde.

Die Anderen gehören nicht nur der Spezies Homo Sapiens an. Der Bodenbiologie verdanken wir vielleicht die wertvollsten Hinweise zur Korrektur des Anthropozentrismus. Die Menge der Lebewesen, die in einer Schaufel Erde existieren, übersteigt die Anzahl aller heute lebenden Menschen. Die meisten von ihnen sind noch nicht biologisch bestimmt, aber ohne sie gäbe es keinen Boden, auf dem irgendetwas wächst. Fruchtbarkeit ist nichts, was schon immer auf der Erde herumlag. Ohne all die unzähligen Kreisläufe des Lebendigen, die sich in den über viereinhalb Milliarden Jahren Erdgeschichte entwickelt haben und die unauflöslich aufeinander verwiesen, voneinander abhängig sind, gäbe es überhaupt kein Leben auf dem Planeten. Niemand ist in diesem Sinne frei geboren, kein Regenwurm, kein Bussard, kein Olivenbaum, keine Wölfin und auch der Mensch nicht. Die Erde ist aus Sternenstaub, Transformation und Zeit gemacht. Die Quelle unserer Freiheit liegt außerhalb unserer selbst.

Das Lebendige ist nicht linear, es vollzieht sich in Kreisen. Das gilt auch für das Werk von Elke Weickelt. Novalis sagt, Philosophie ist Vivifizieren, das Wiederauflösen von Versteinerungen. Kunst philosophiert mit dem Abwesenden.

# Strukturen und Zeichen

1994 – 2000

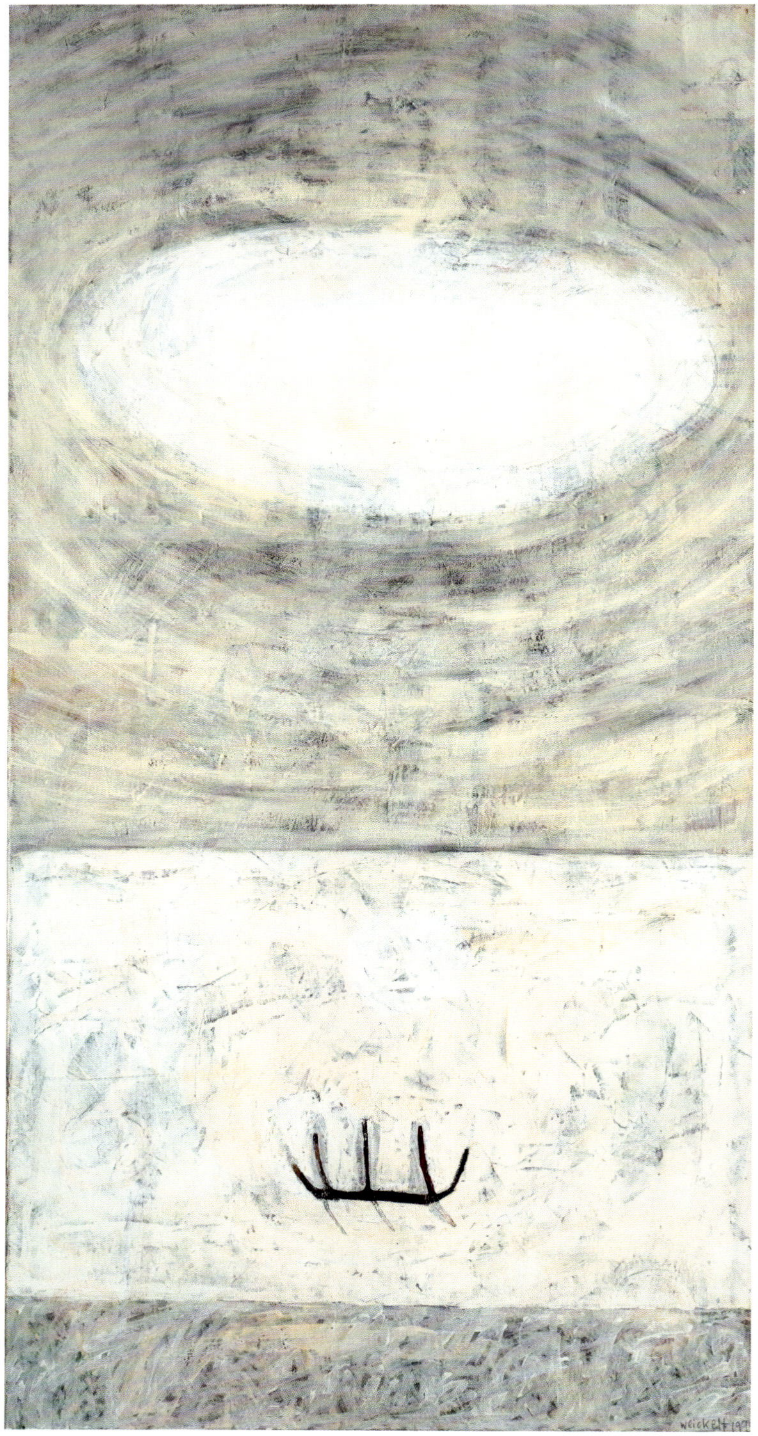

Werknr. 94 – 130, 1994, Mischtechnik, Leinwand, 140x70 cm

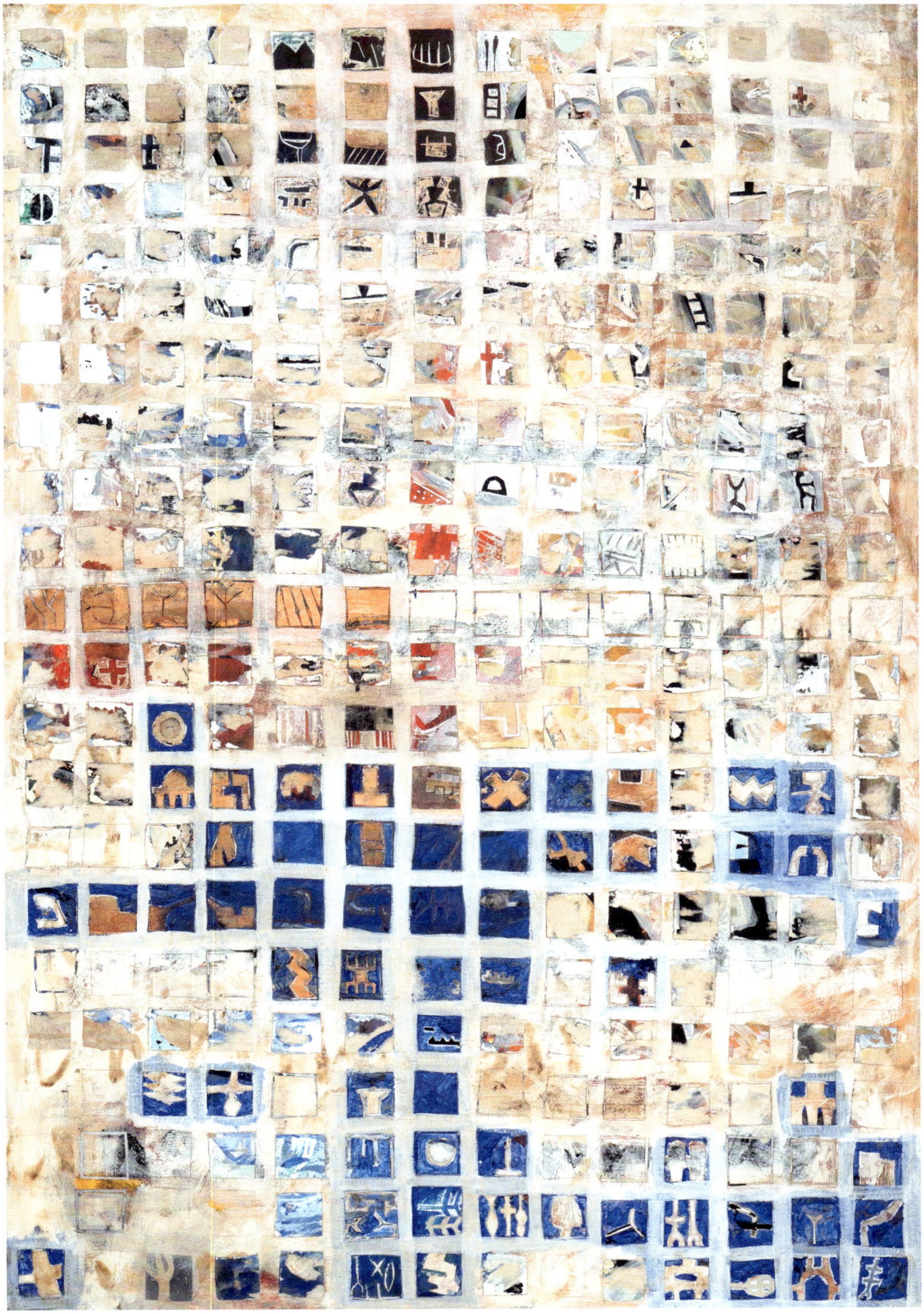

Werknr. 95 – 54, 1995, Mischtechnik, Leinwand, Collage, 107x73cm

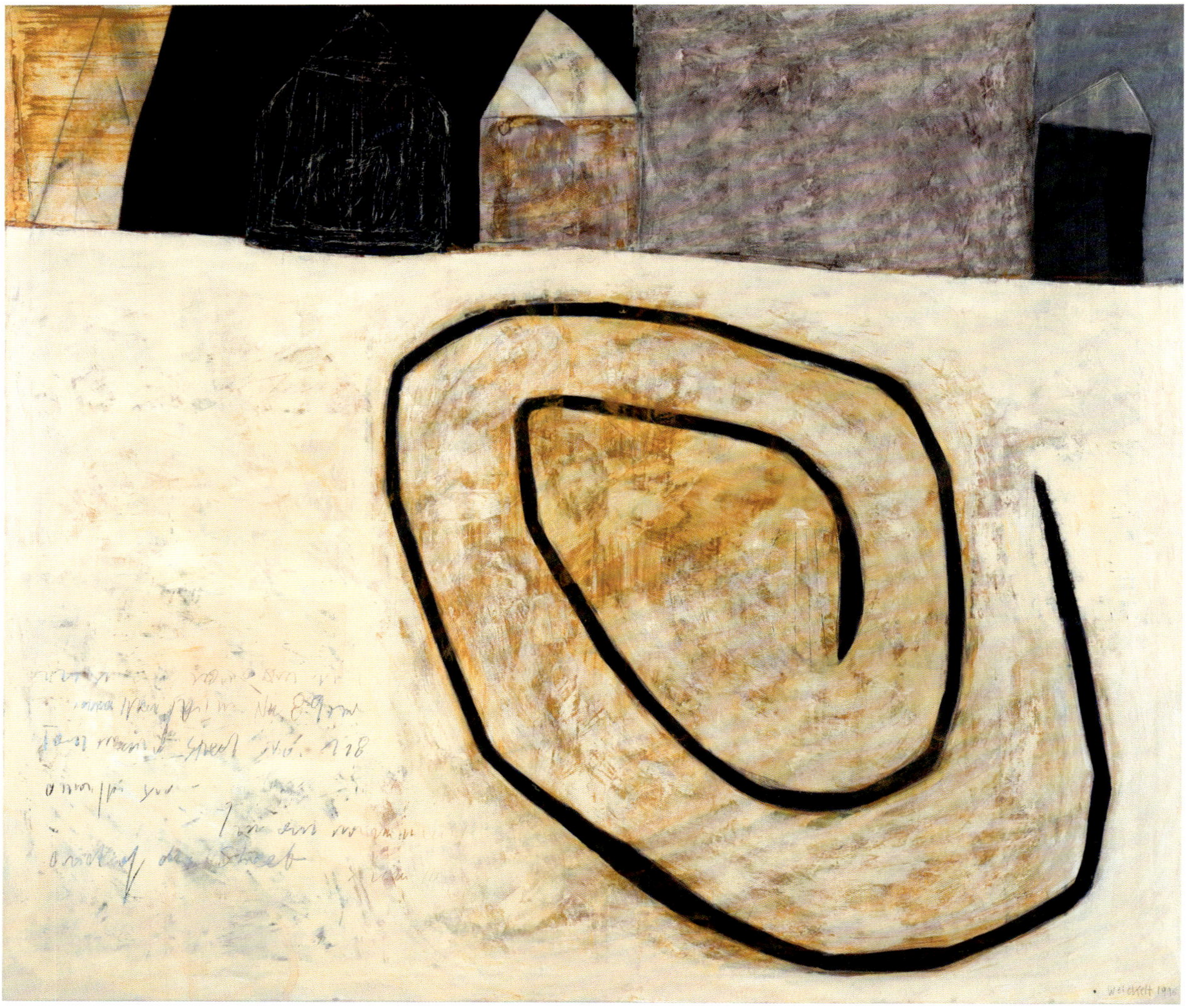

Werknr. 96 – 82, 1996, Mischtechnik, Leinwand, 140x160cm

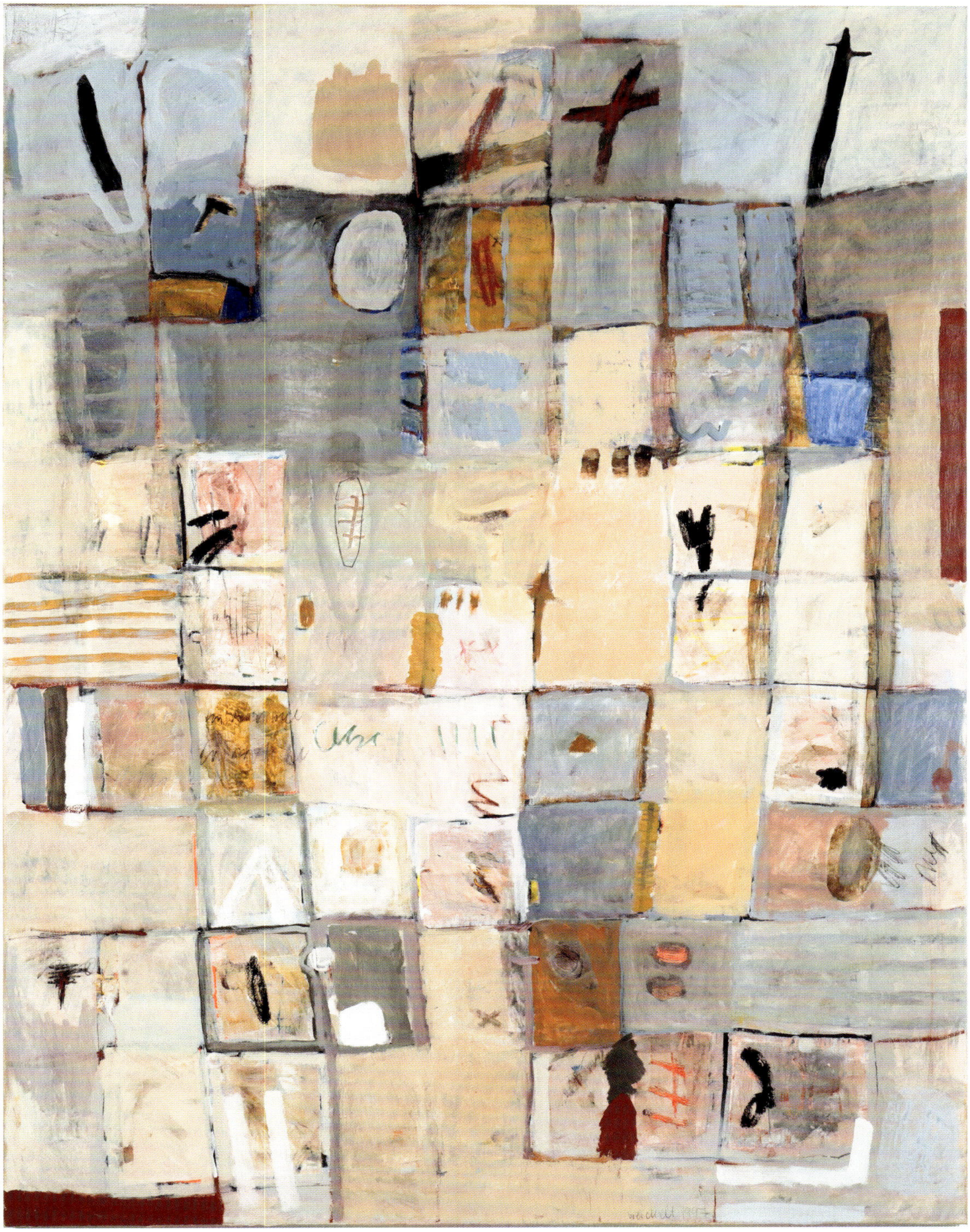

Werknr. 97 – 59, 1997, Acrylfarbe, Leinwand, 150 x 115 cm

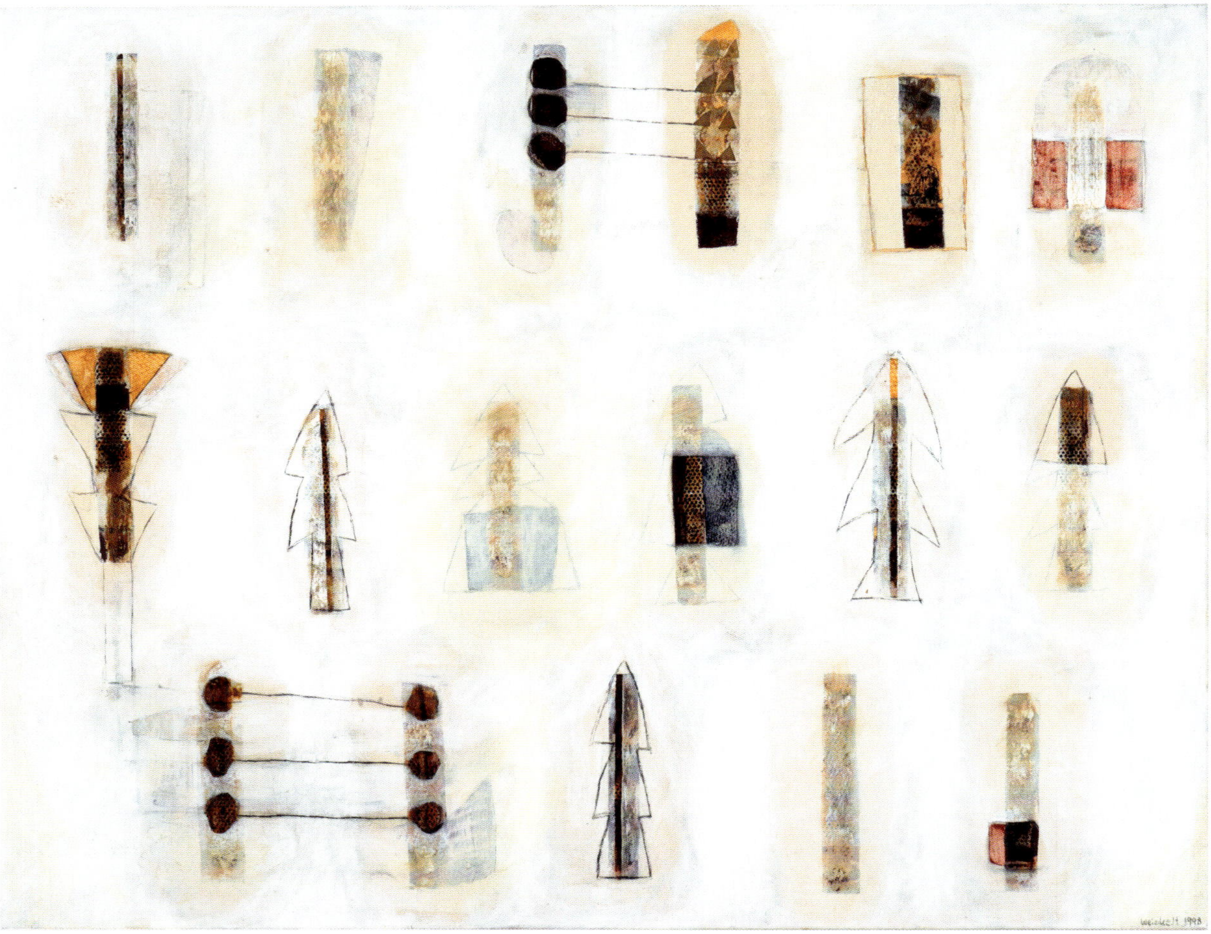

Werknr. 98 – 14, 1998, Mischtechnik, Leinwand, 75x95cm

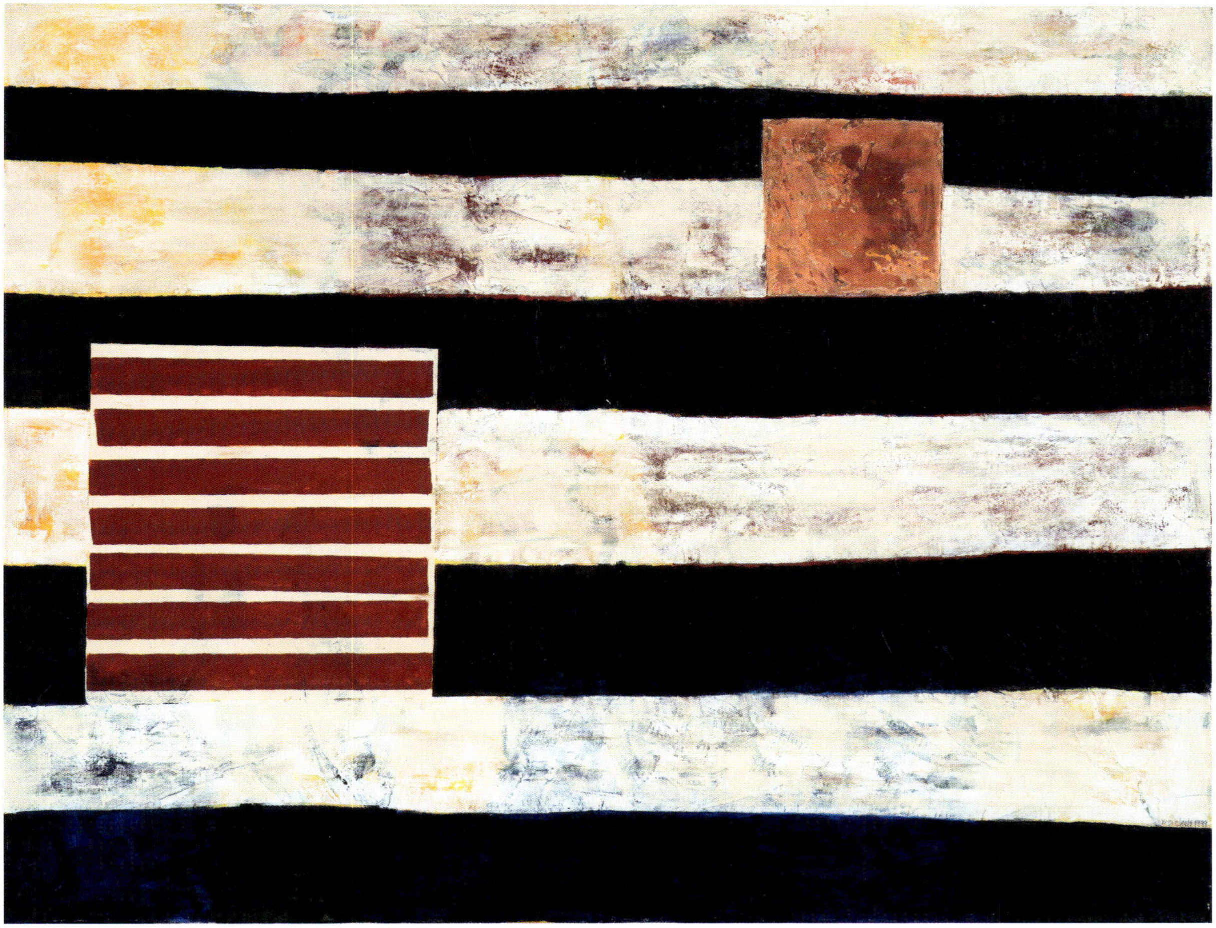

Werknr. 99 – 57, 1999, Acrylfarbe, Leinwand, 75x95cm

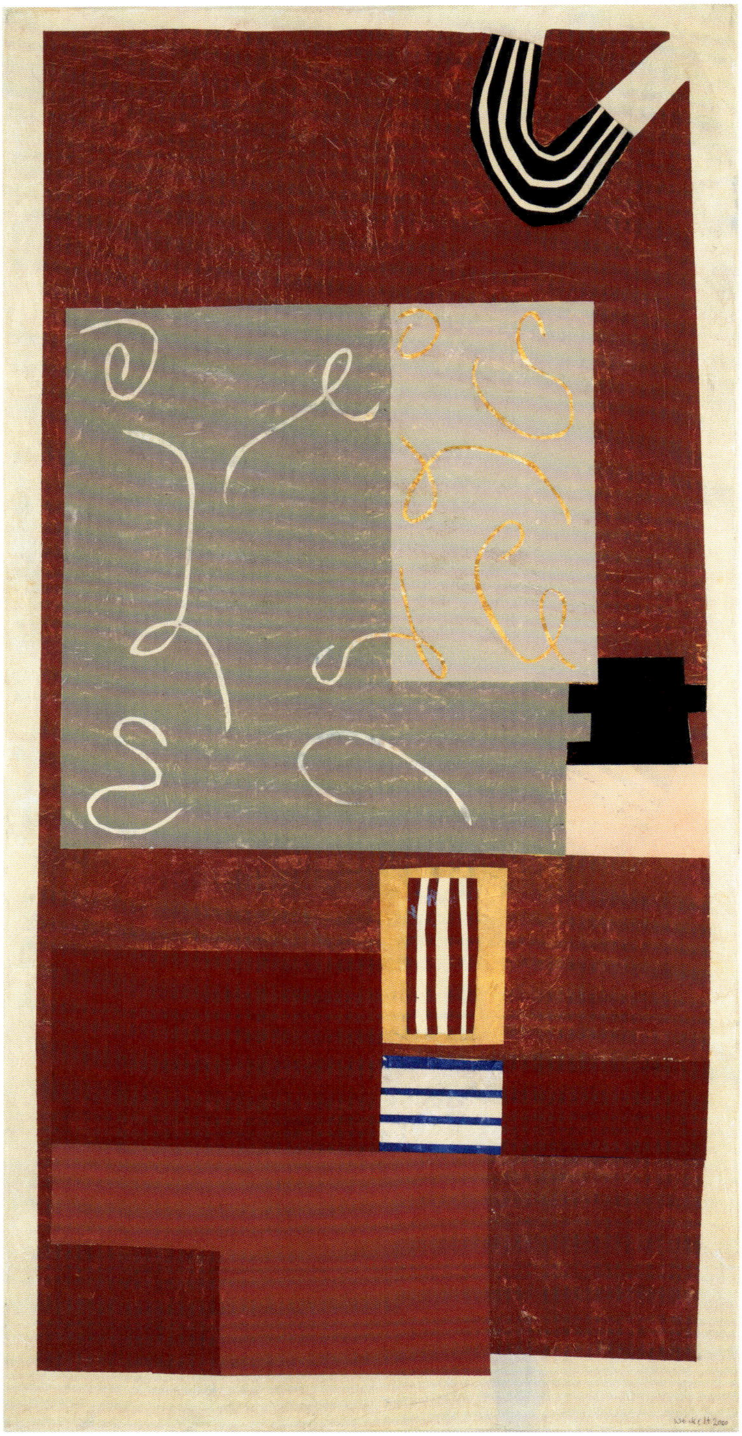

Werknr. 00 – 98, 2000, Acrylfarbe, Leinwand, 140x70cm

## Dreieck – Viereck – Rundes

2001

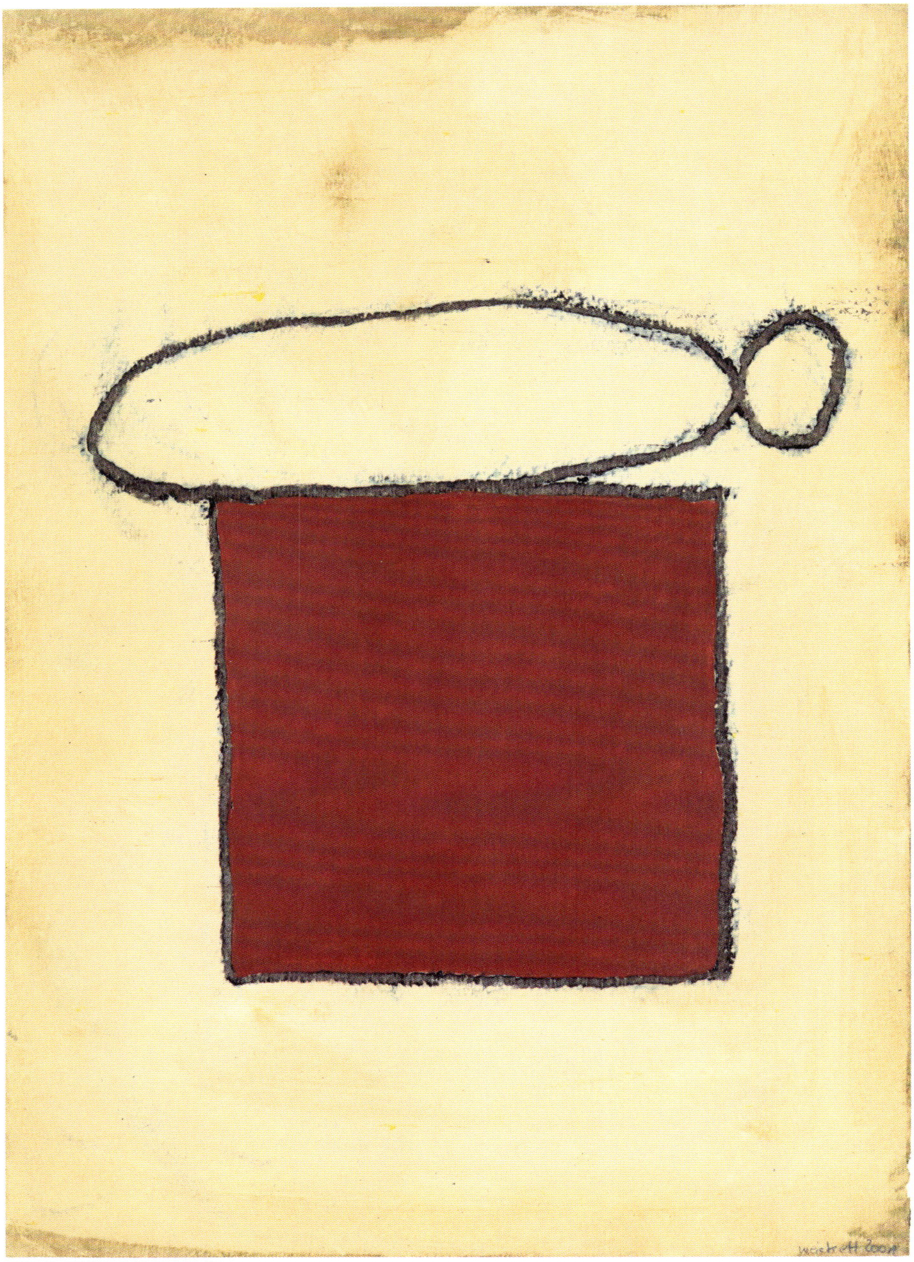

Werknr. 01 – 90, 2001, Mischtechnik, Papier, 42x29,6 cm

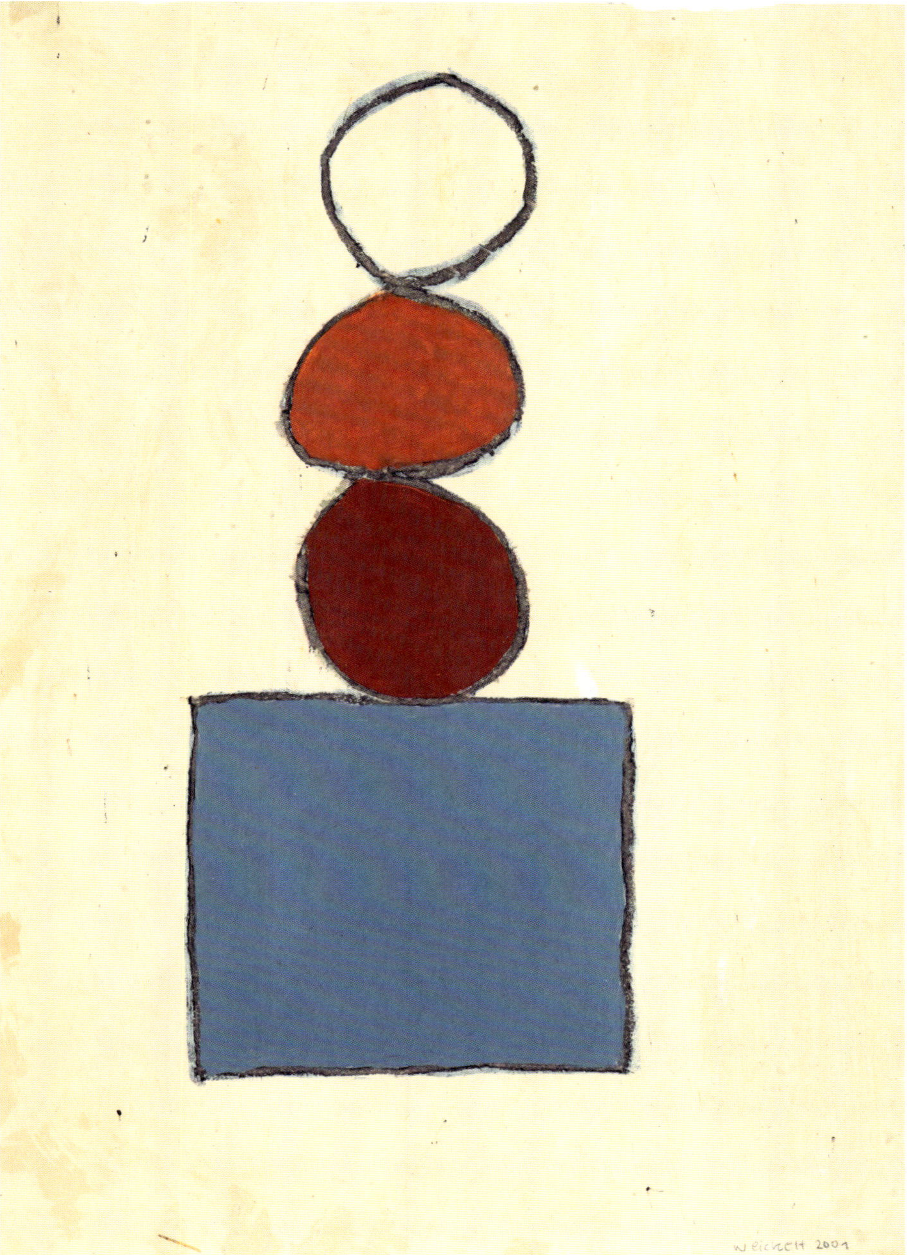

Werknr. 01 – 109, 2001, Mischtechnik, Papier, 42x29,6cm

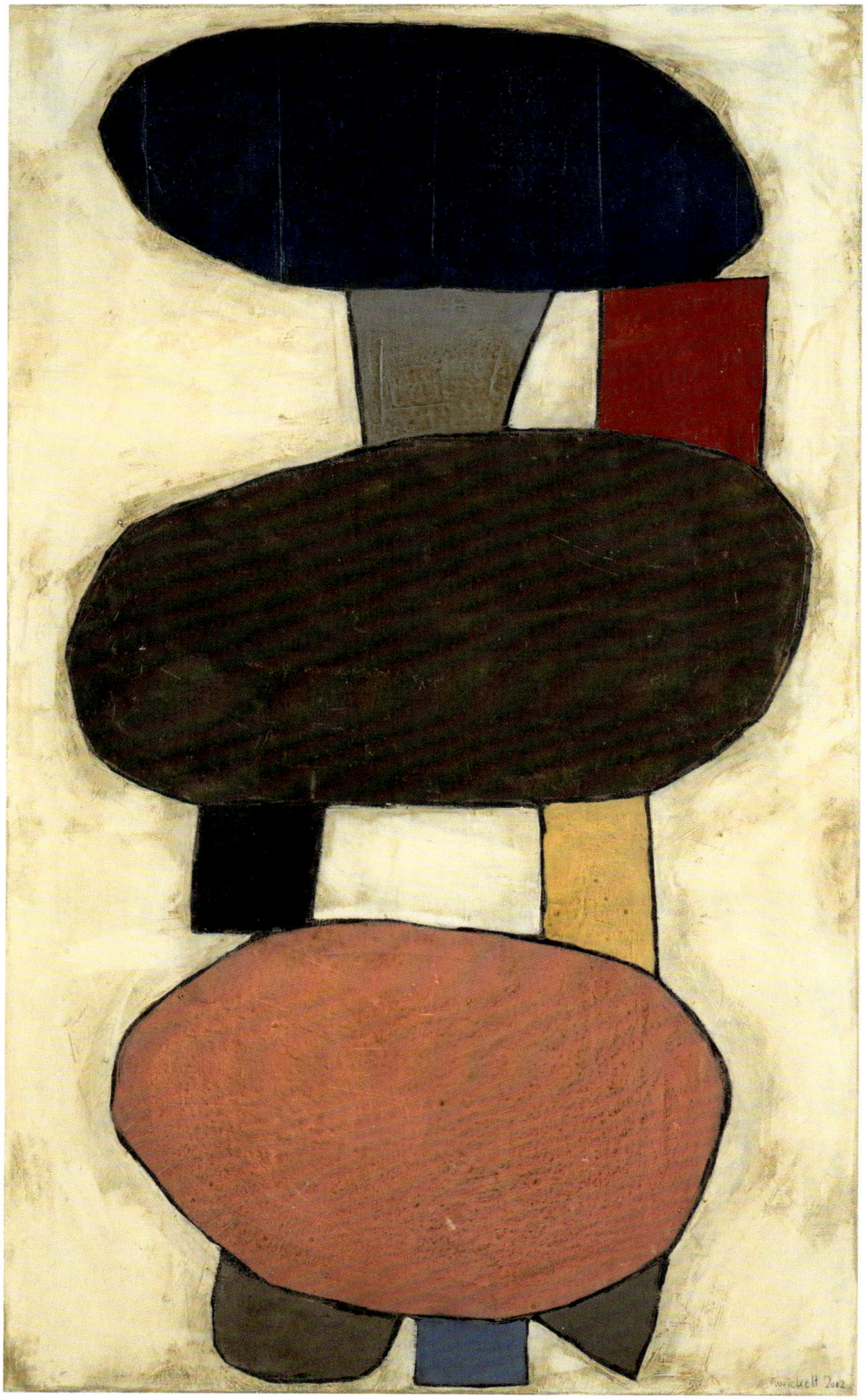

Werknr. 02 – 24, 2002, Mischtechnik, Leinwand, 100x60 cm

# Bewegung

2002 – 2007

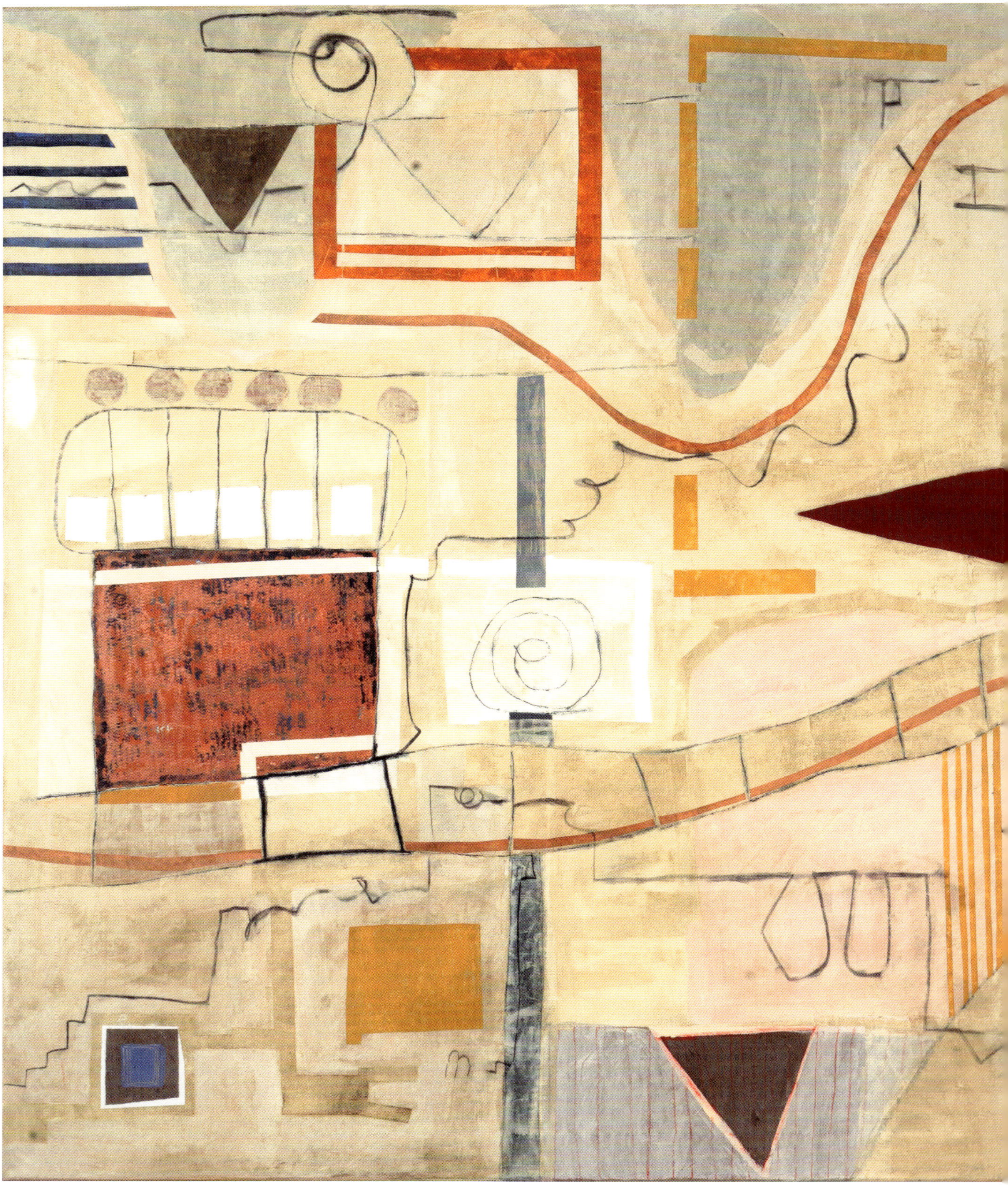

Werknr. 03 – 36, 2003, Mischtechnik, Leinwand, Diptychon, 150 x 260 cm

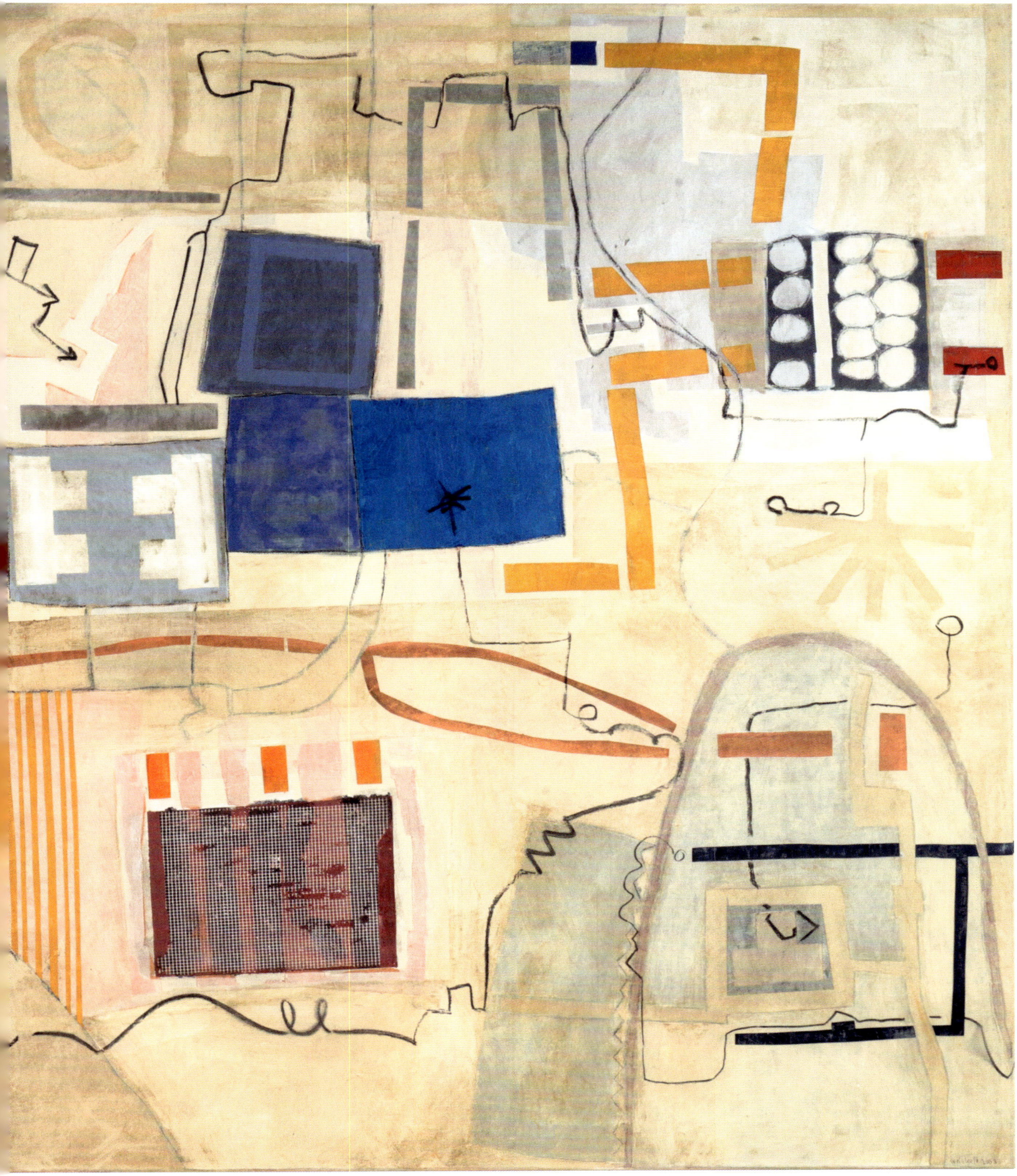

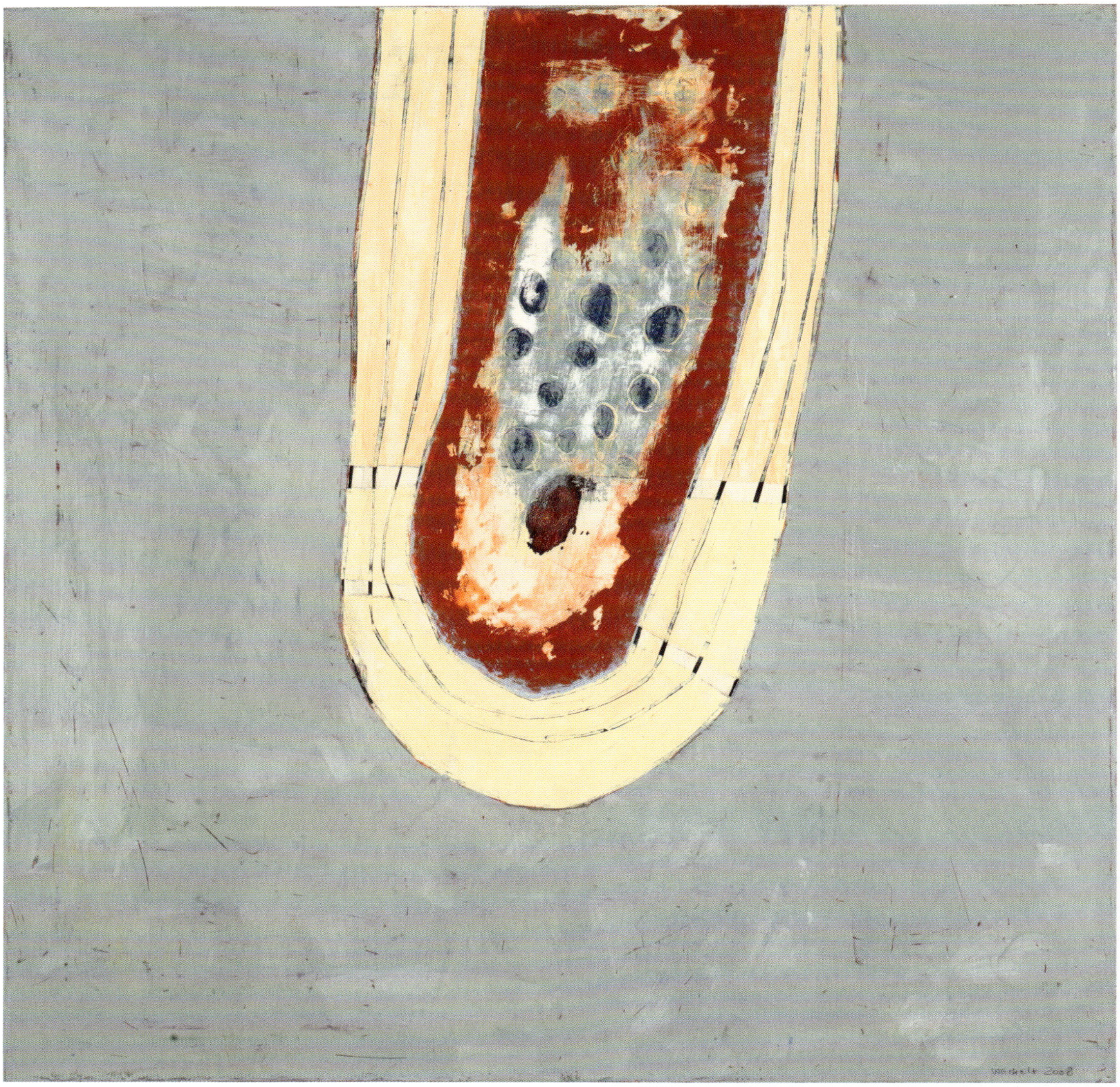

Werknr. 03 – 17, 2003, Mischtechnik, Leinwand, 80x80 cm

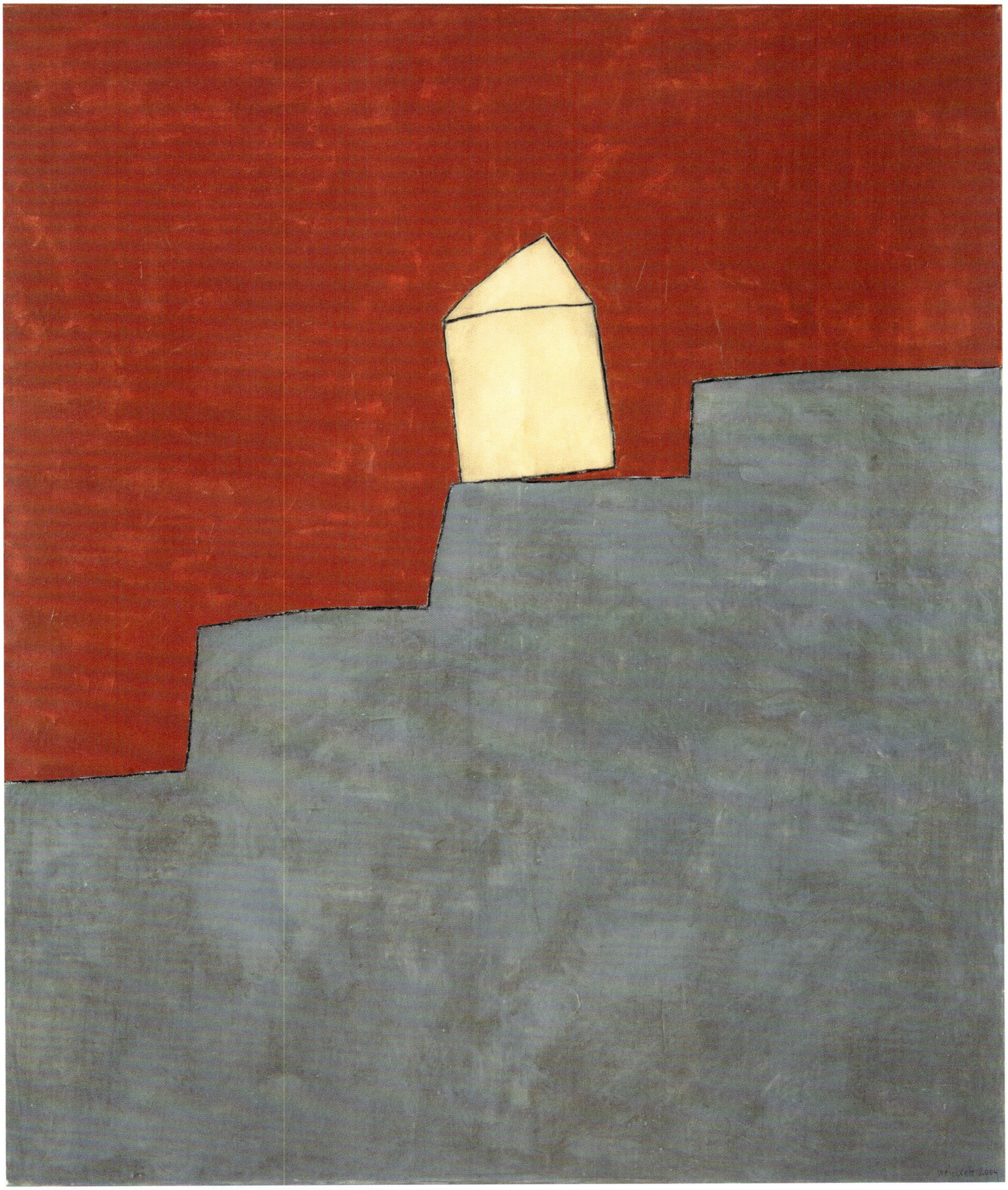

Werknr. 04 – 44, 2004, Mischtechnik, Leinwand, 140x115cm

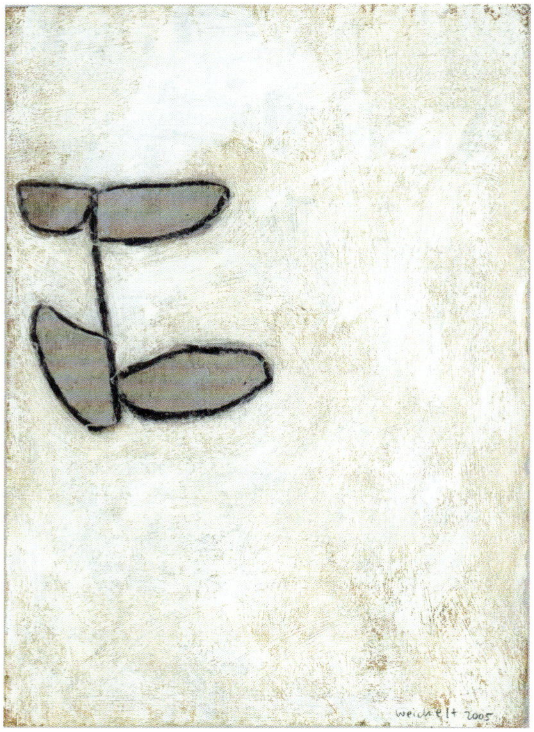

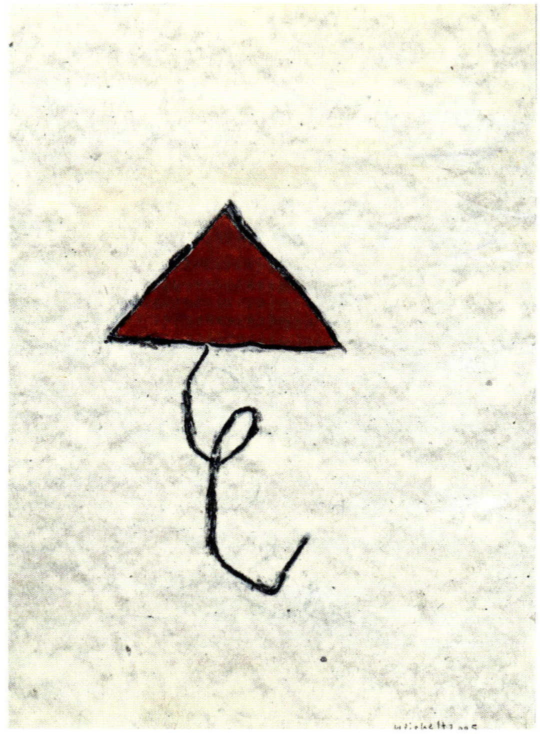

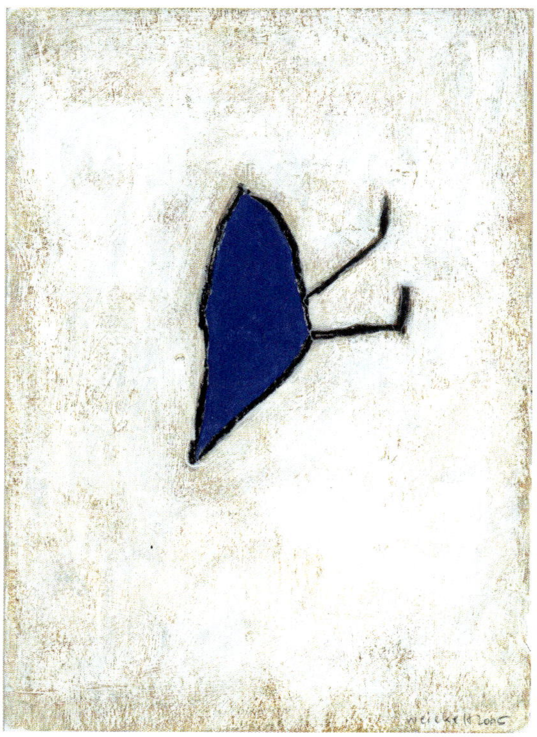

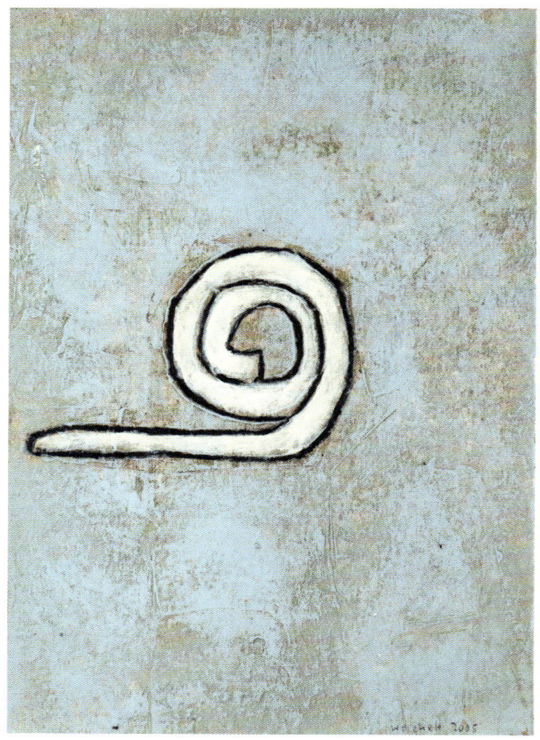

2005, Mischtechnik, Papier, 21x15cm Werknr. 05 – 122 / 05 – 113
Werknr. 05 – 114 / 05 – 127

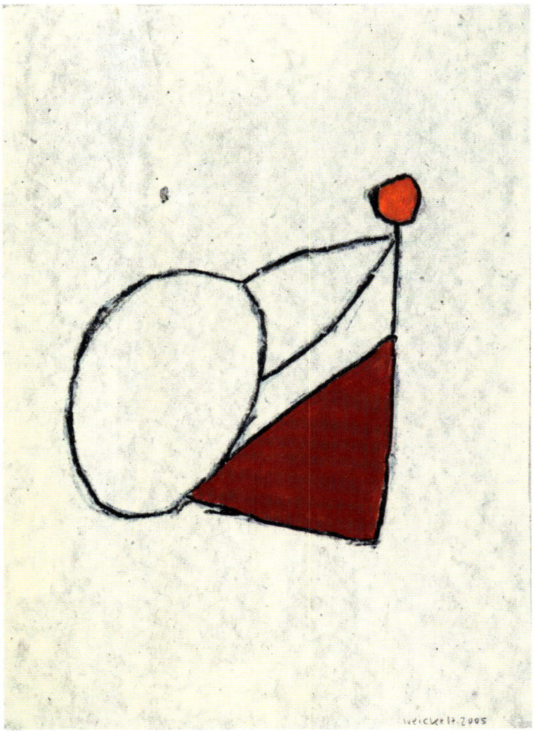
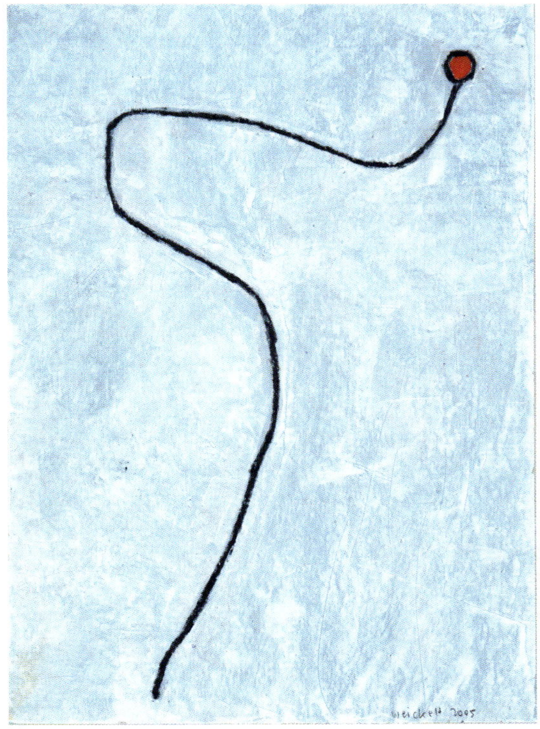
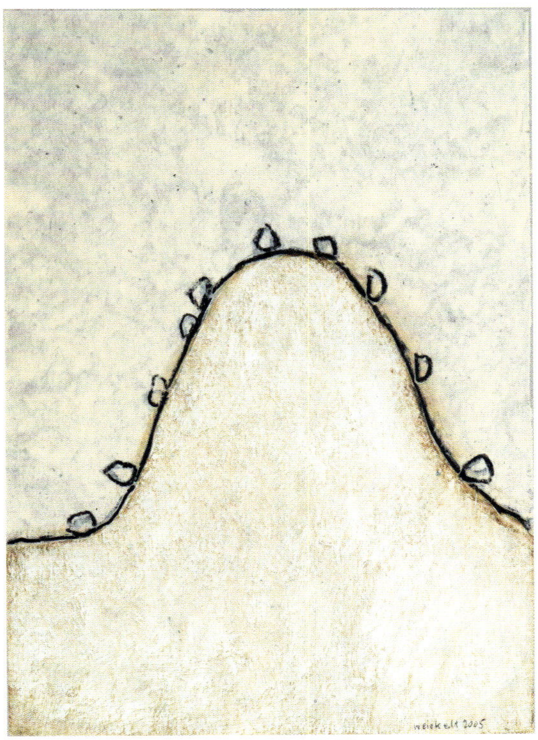
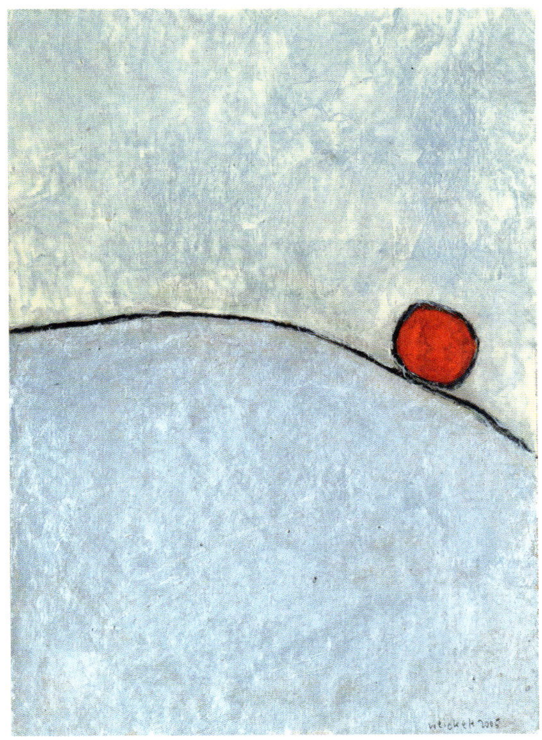

Werknr. 05 – 129 / 05 – 123
Werknr. 05 – 133 / 05 – 121

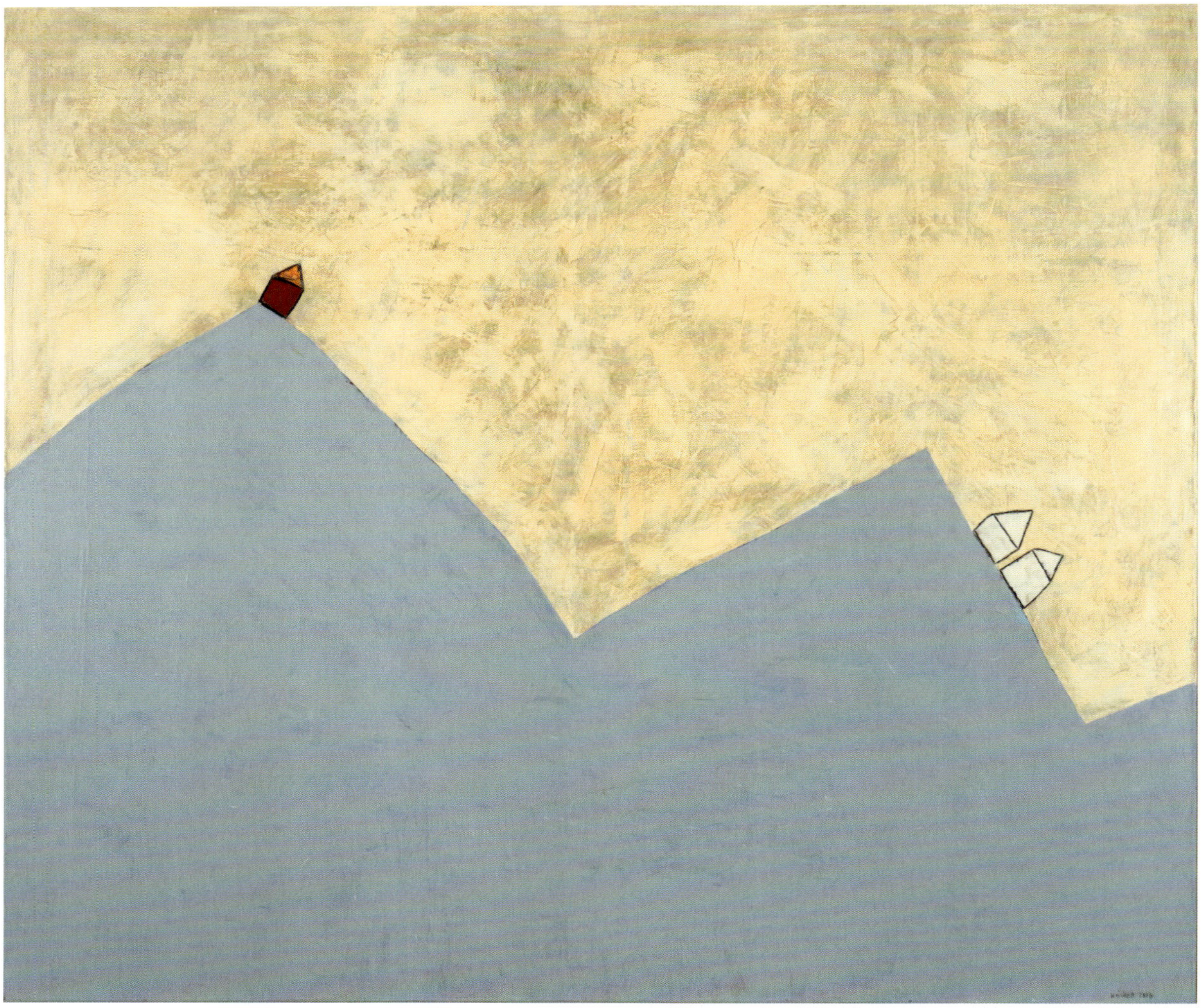

Werknr. 06 – 46, 2006, Mischtechnik, Leinwand, 130x150cm

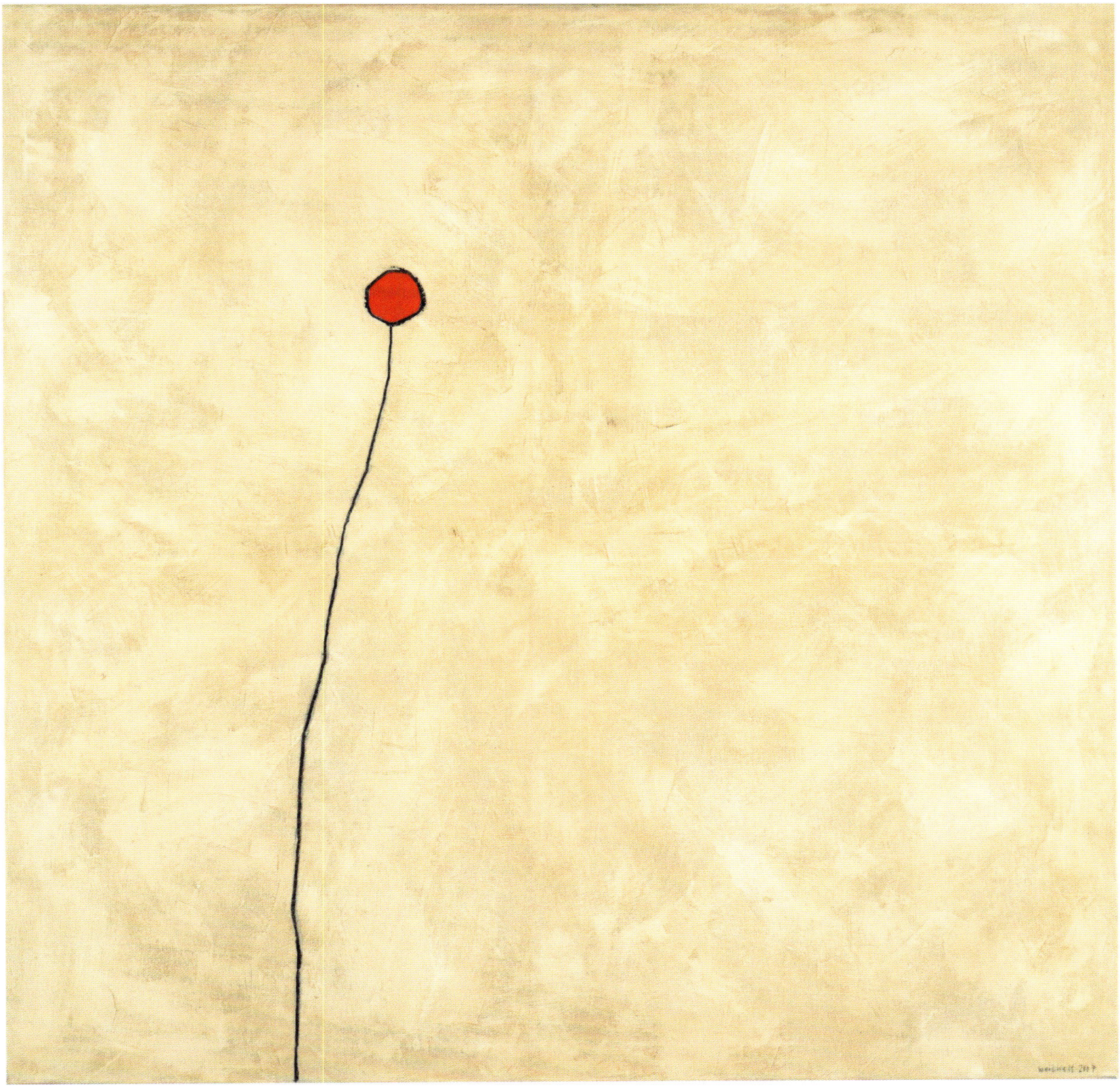

Werknr. 07 – 27, 2007, Mischtechnik, Leinwand, 115x115cm

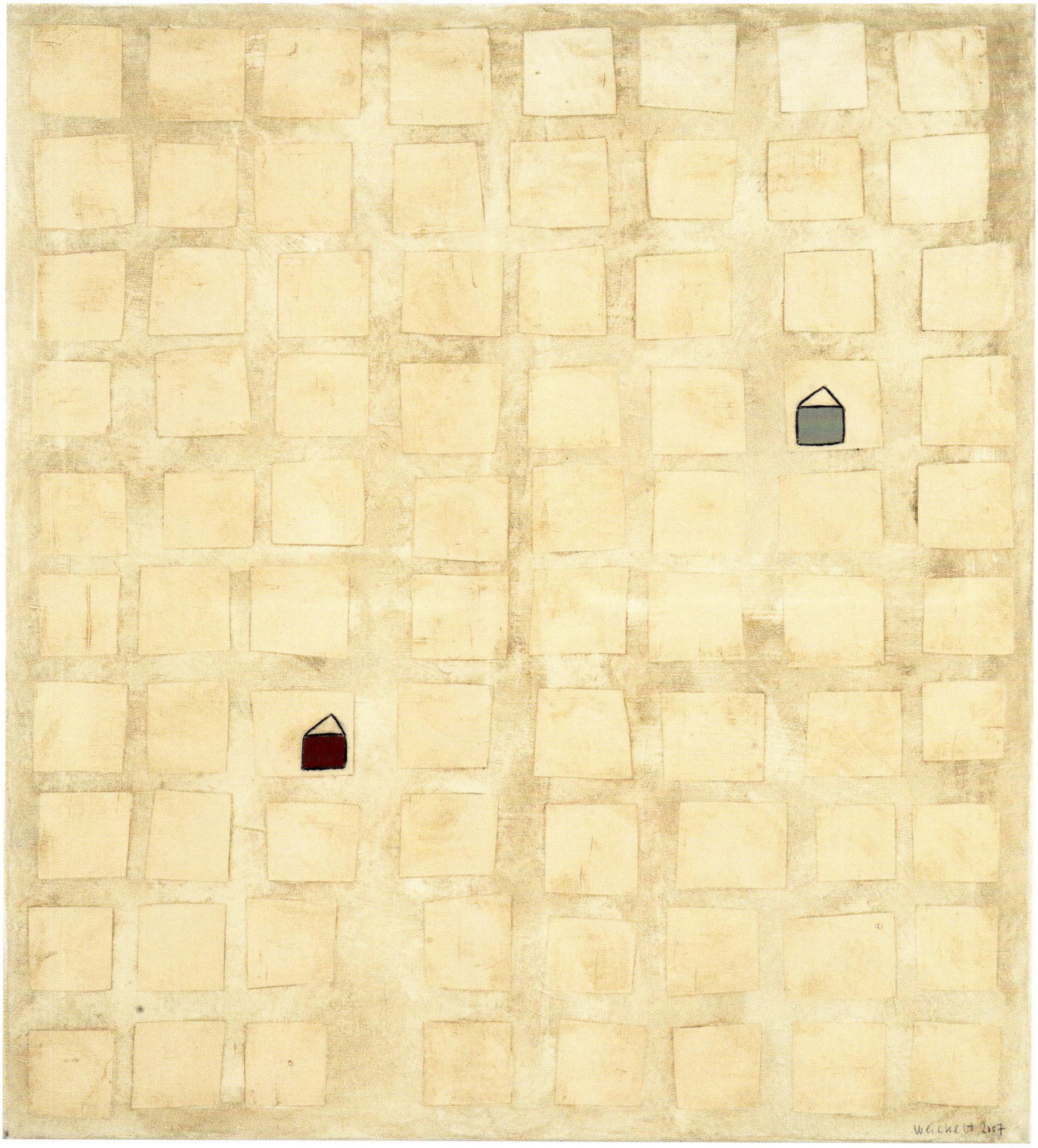

Werknr. 07 – 112, 2007, Mischtechnik, Leinwand, 80x70 cm

# Räume

2008 – 2010

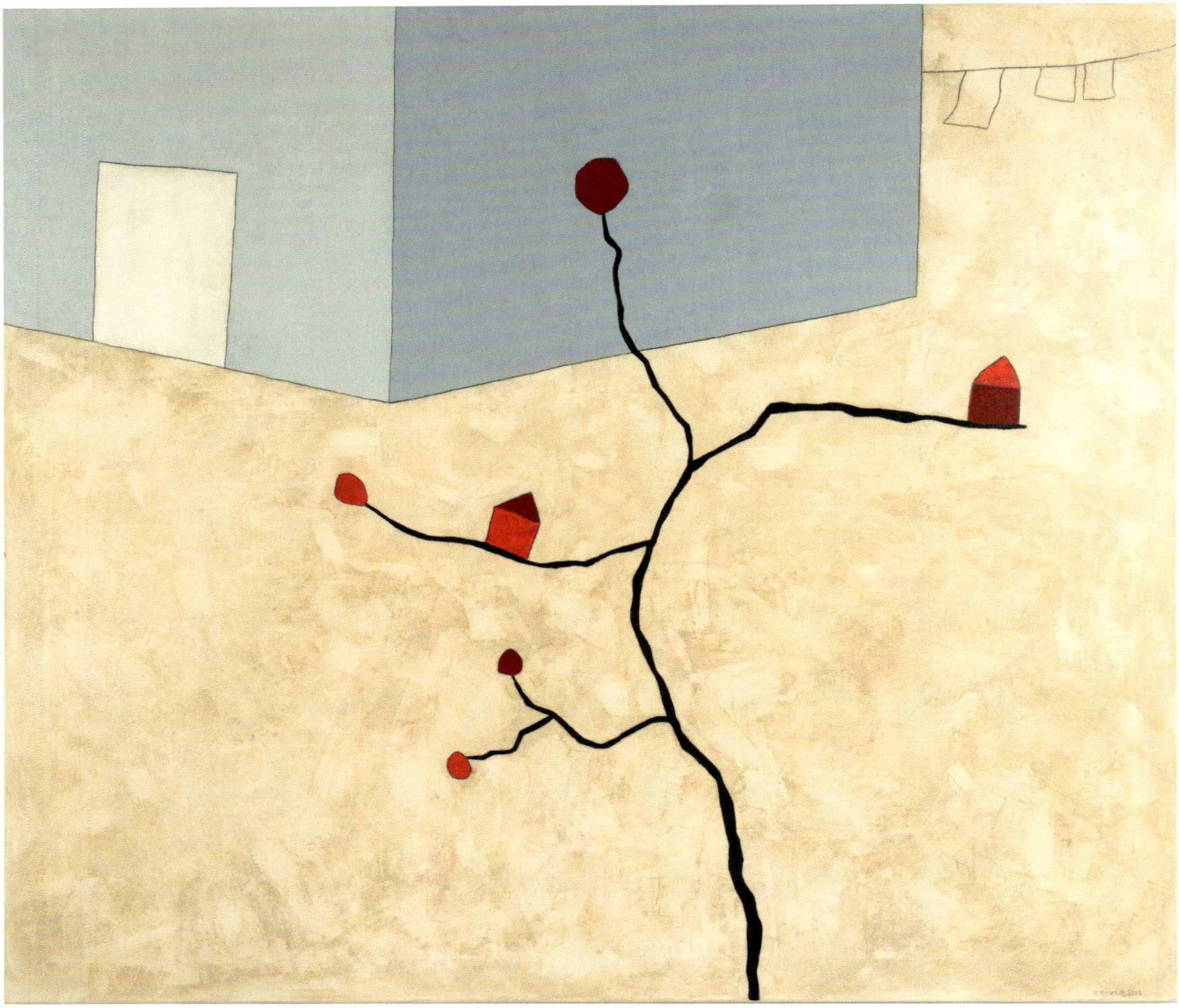

Werknr. 08 – 23, 2008, Mischtechnik, Leinwand, 140x160 cm

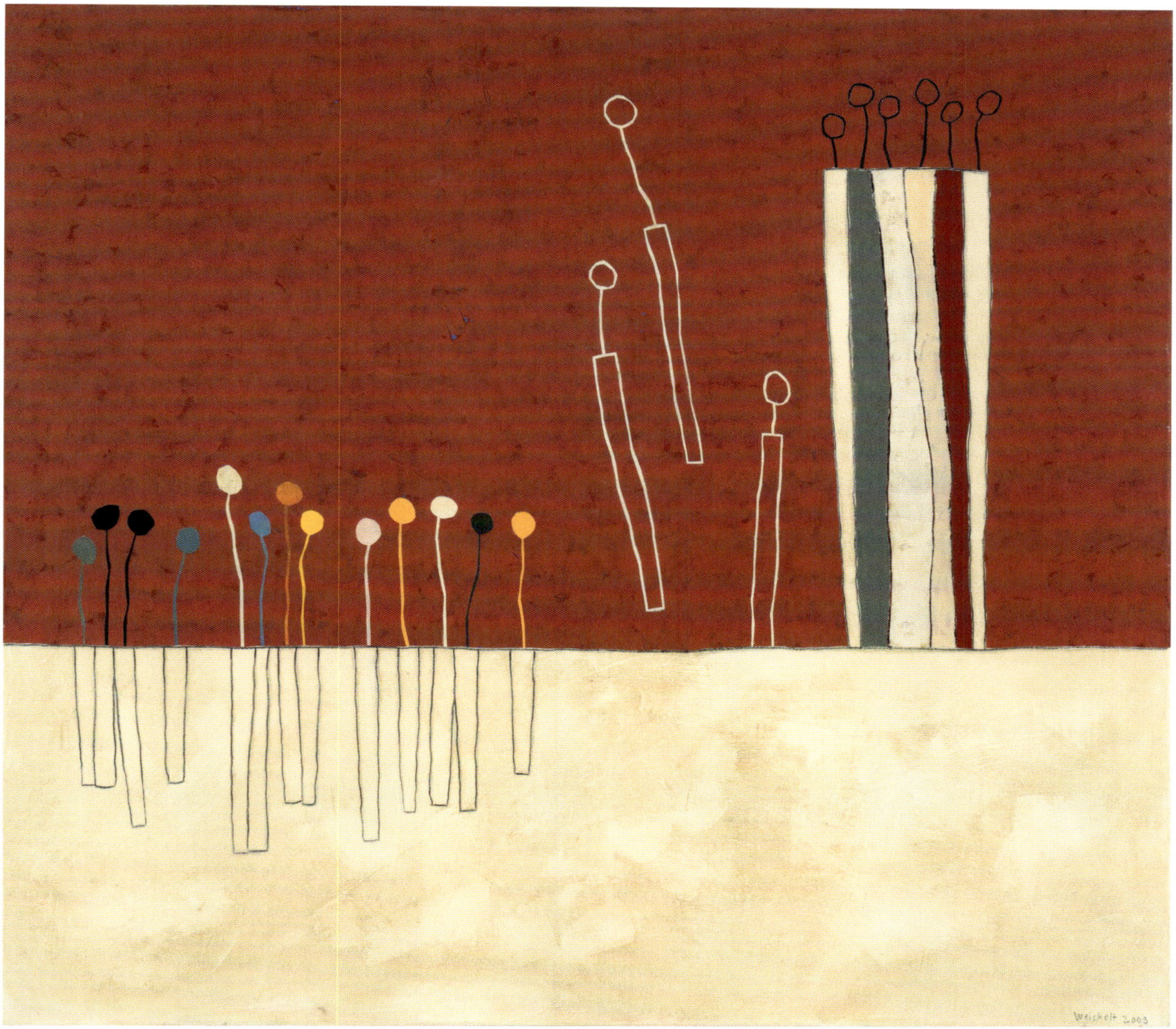

Werknr. 09 – 5, 2009, Mischtechnik, Leinwand, 90x100cm

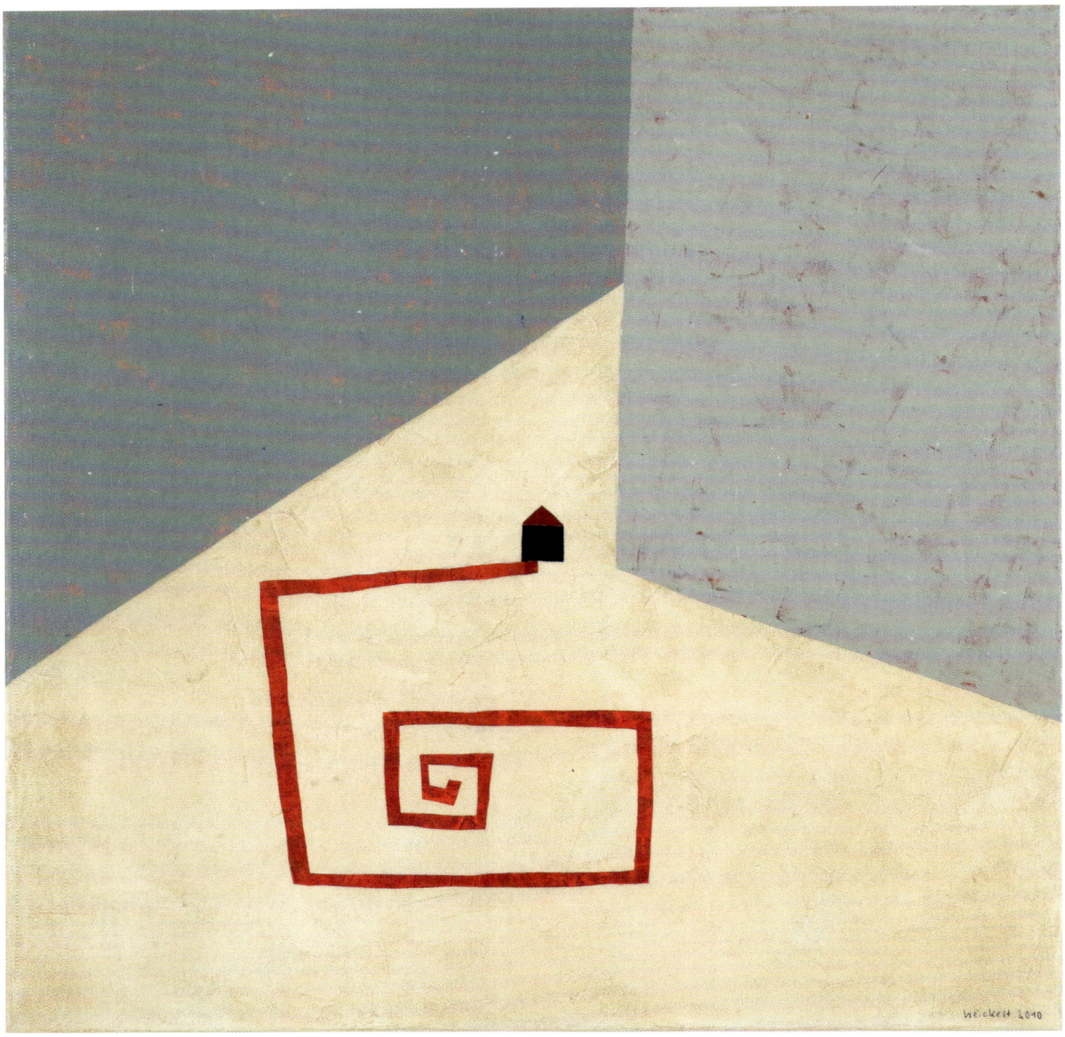


Werknr. 10 – 4, 2010, Mischtechnik, Leinwand, 60x60cm

## Ursprung

2011 – 2012

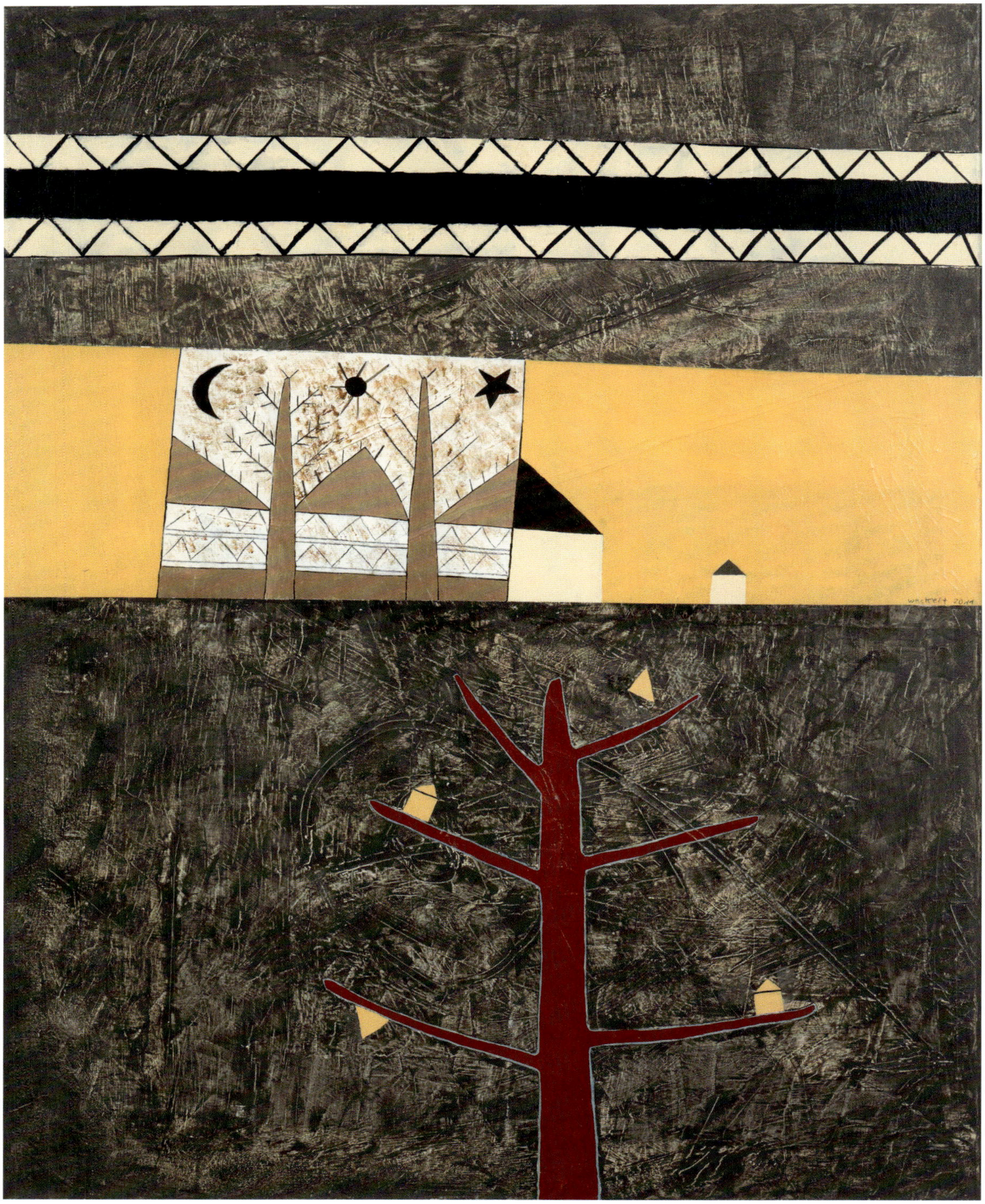

Werknr. 11 – 51, 2011, Mischtechnik, Leinwand, 95x75cm

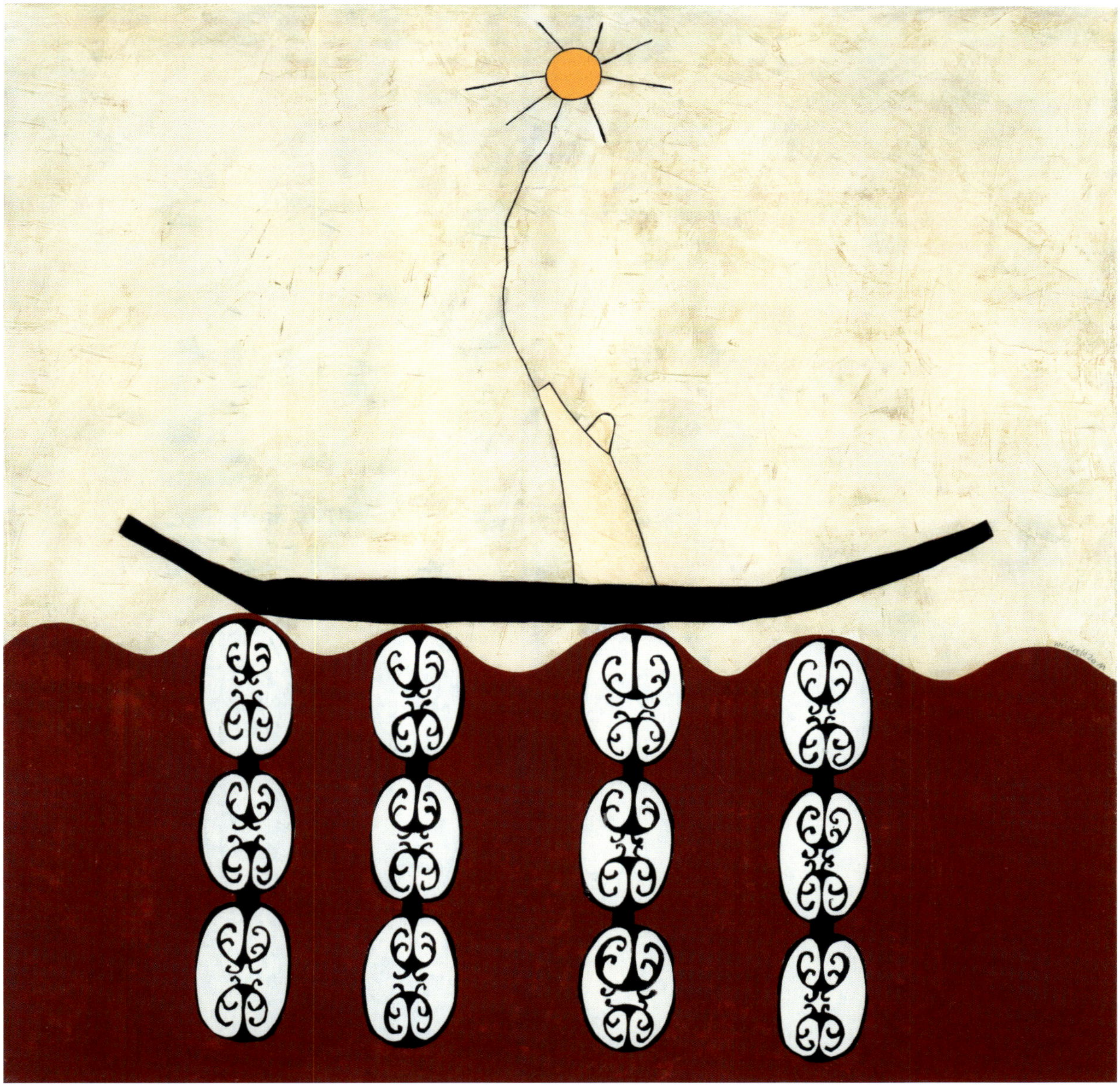

Werknr. 11 – 48, 2011, Mischtechnik, Leinwand, 90x90cm

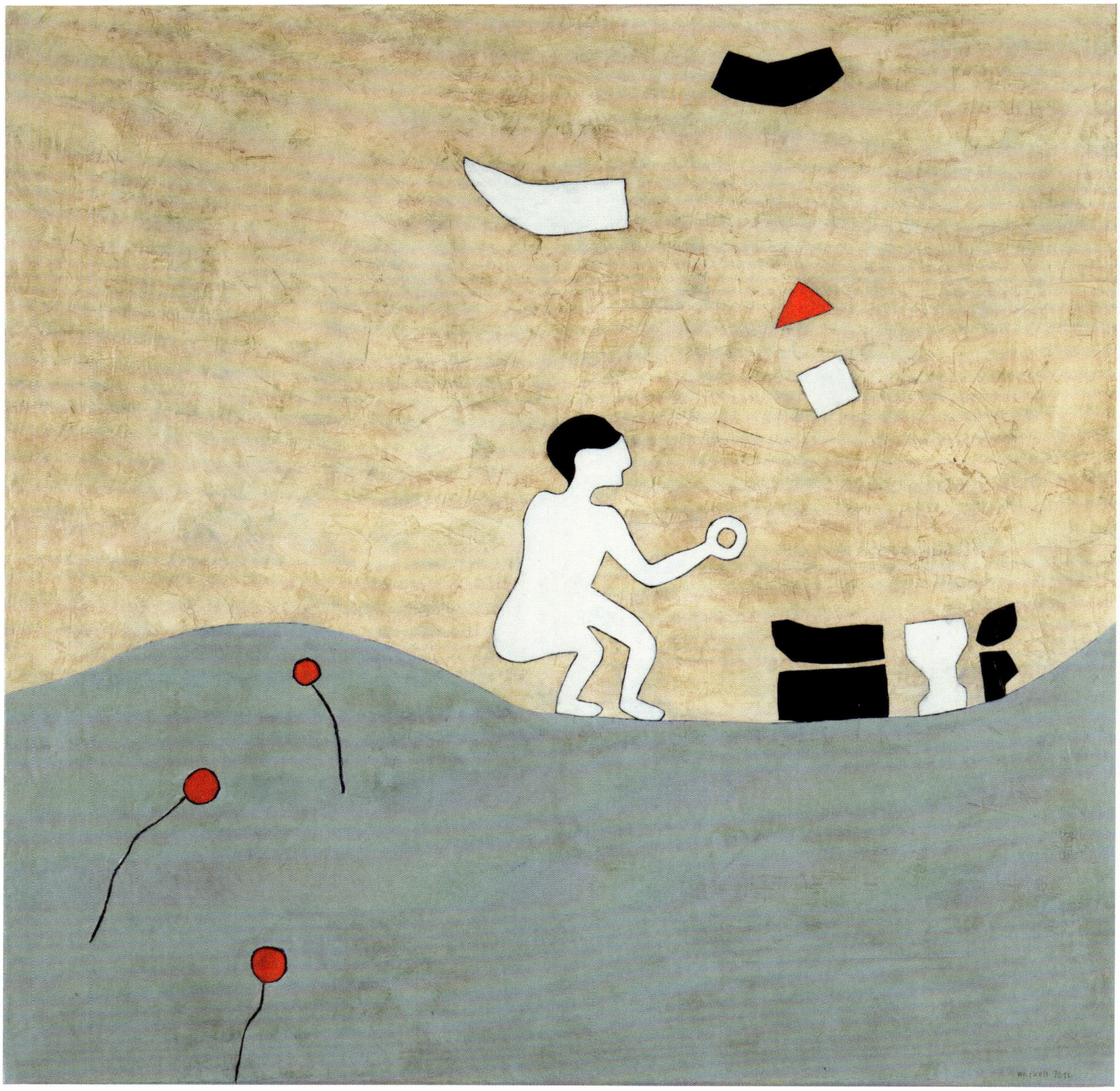

Werknr. 12 – 1, 2012, Mischtechnik, Leinwand, 100x100cm

# Geschichten

2013 – 2016

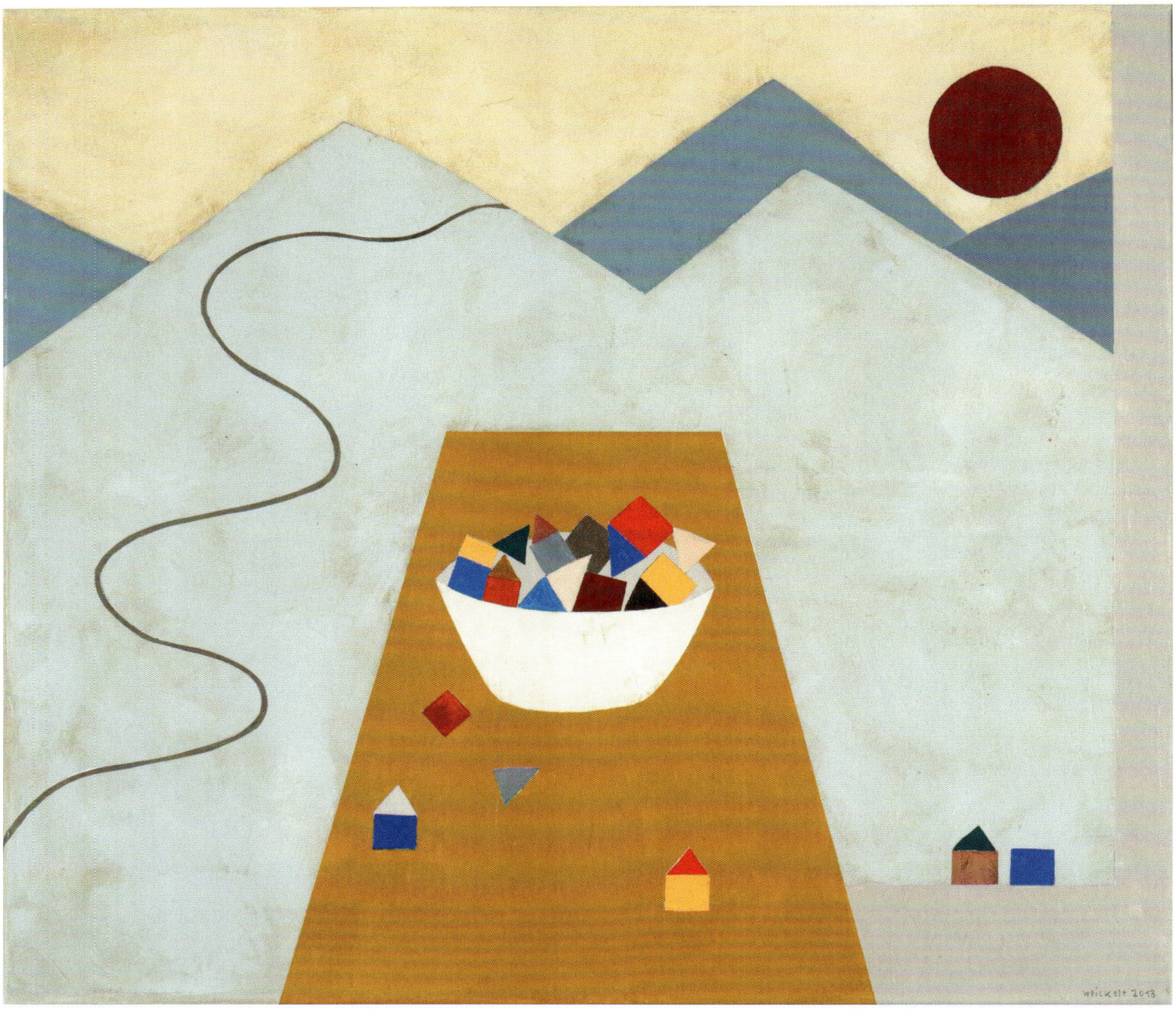

Werknr. 13 – 18, 2013, Mischtechnik, Leinwand, 70x80 cm

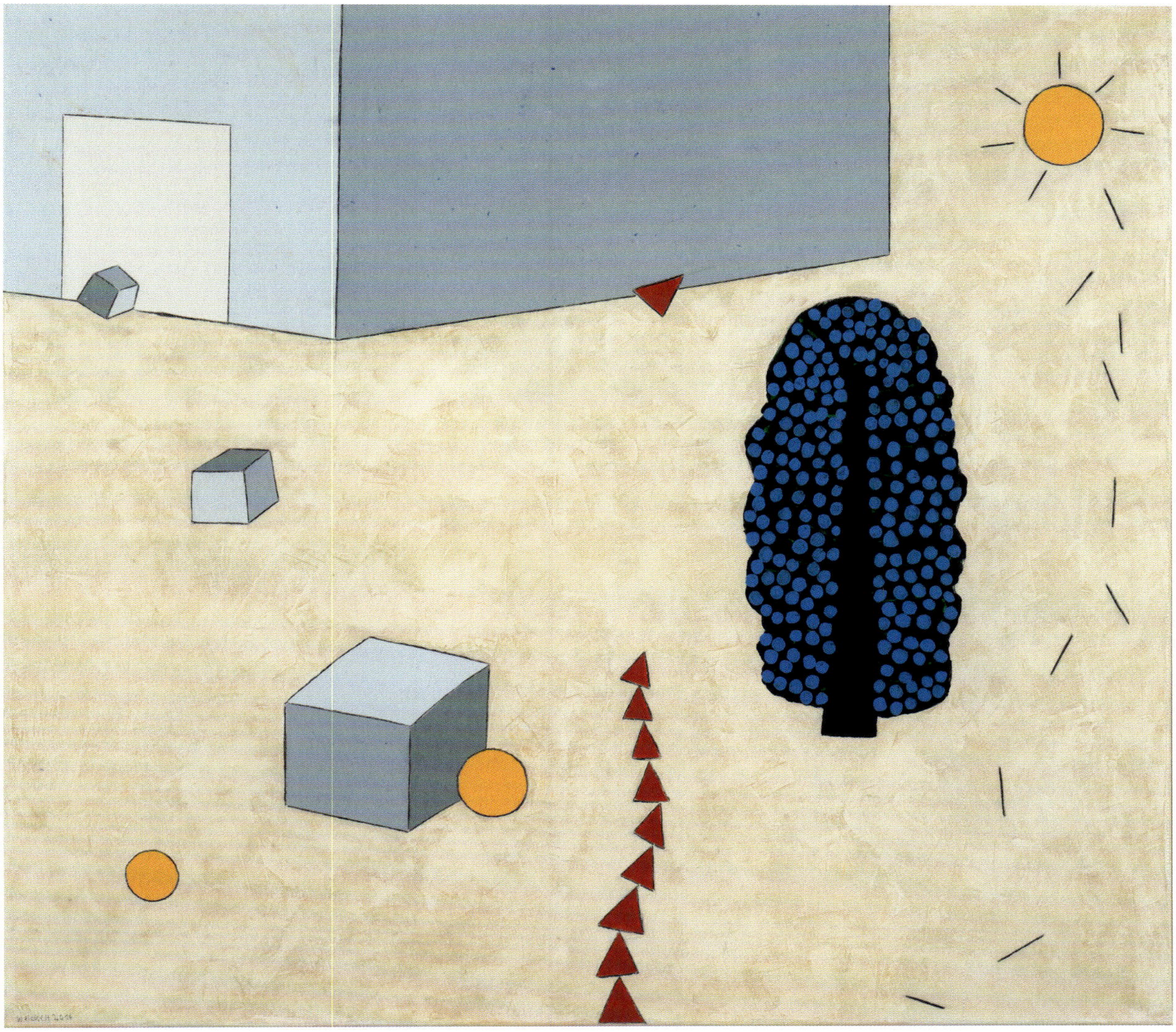

Werknr. 14 – 2, 2014, Mischtechnik, Leinwand, 90x100cm

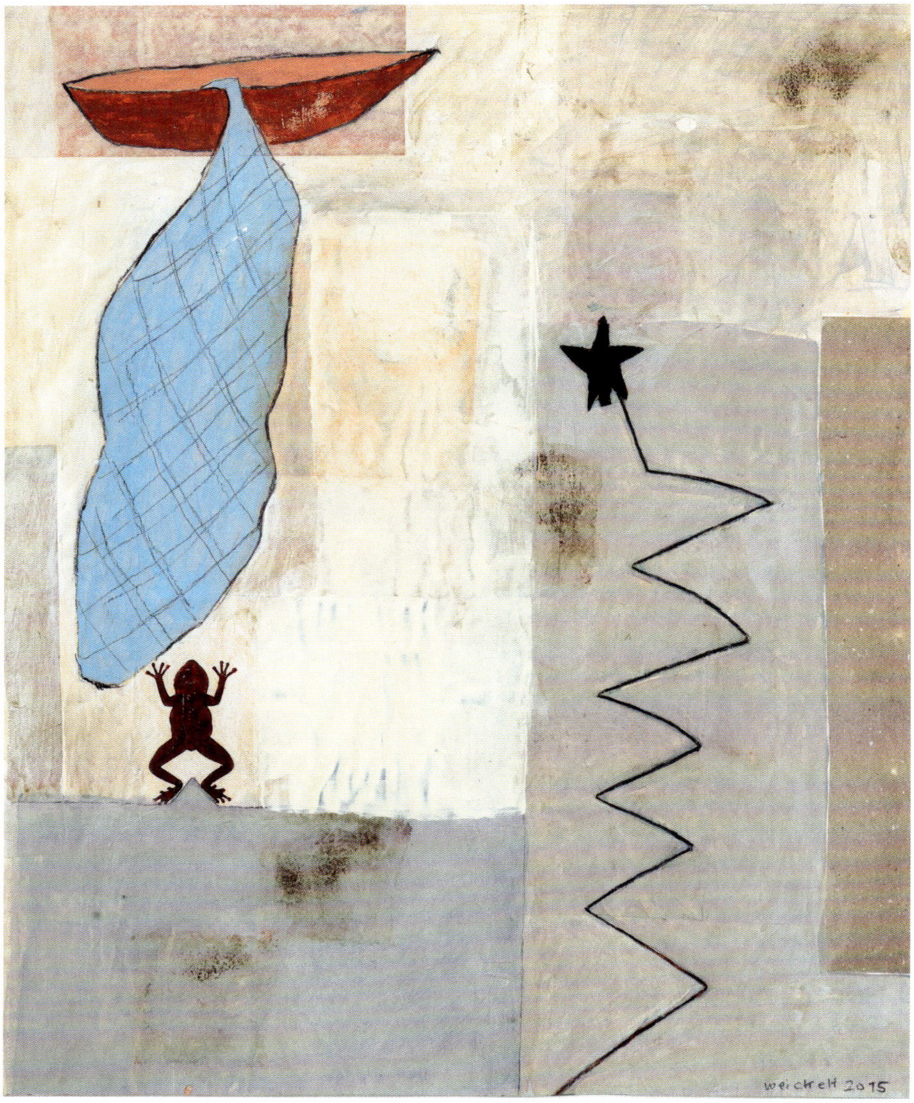


Werknr. 15 – 1, 2015, Mischtechnik, Papier, Collage, 36x29cm

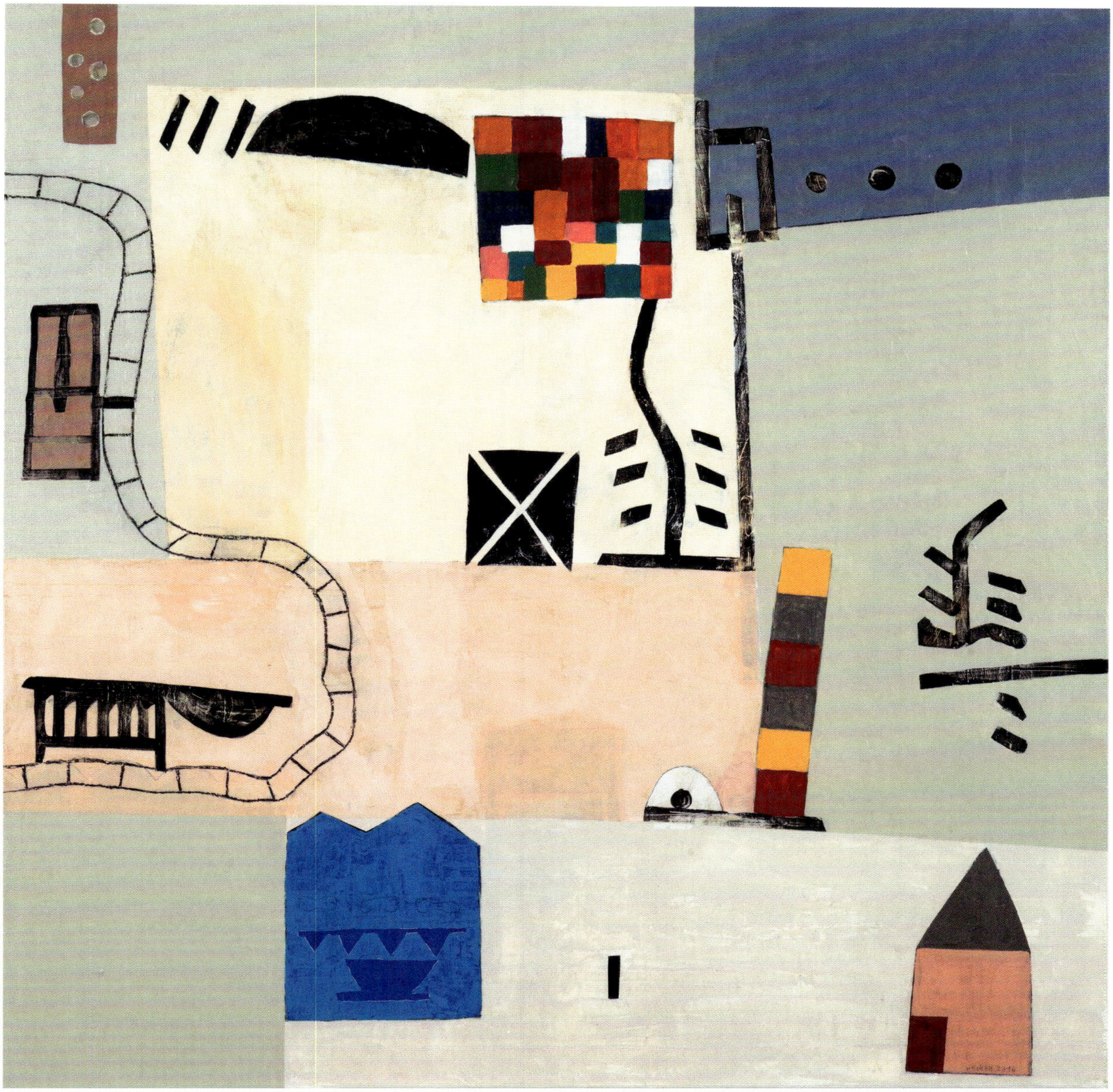

Werknr. 16 – 8, 2016, Mischtechnik, Leinwand, 100 x 100 cm

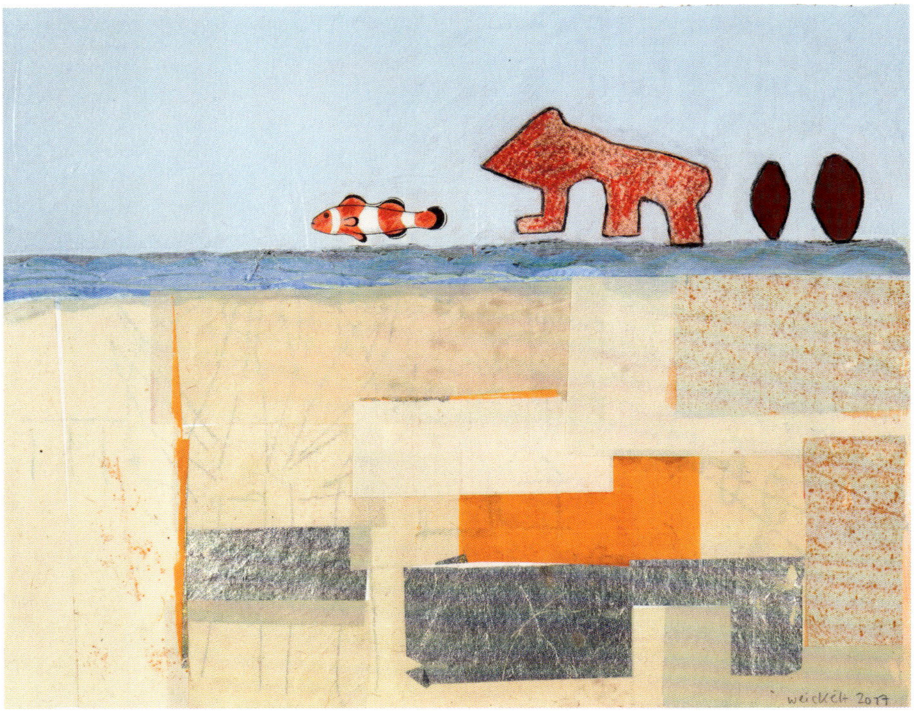


Werknr. 17 – 10, 2017, Mischtechnik, Papier, Collage, 23x29 cm

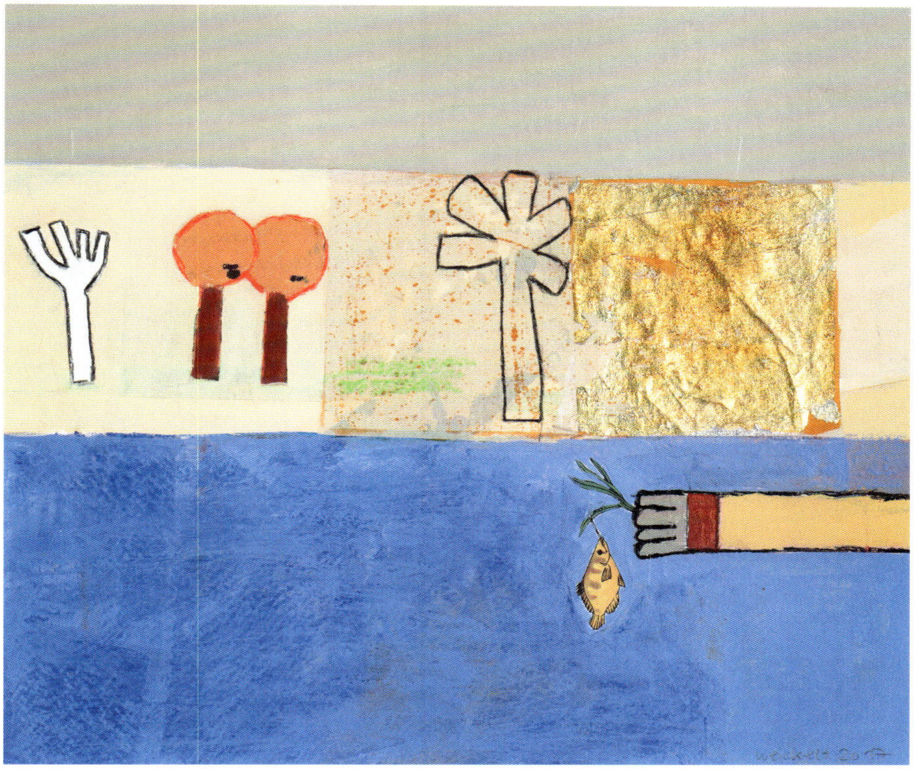

Werknr. 17 – 8, 2017, Mischtechnik, Papier, Collage, 23,3x26,6cm

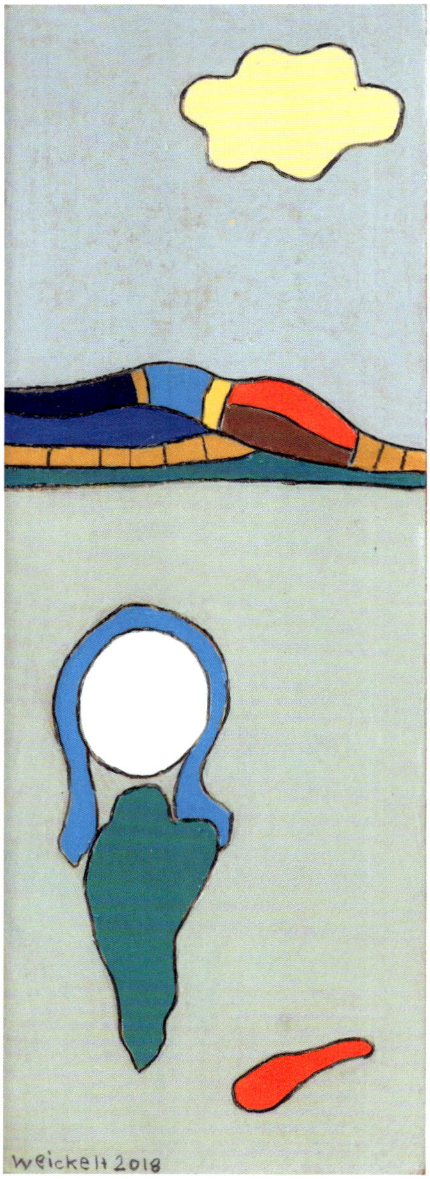


Werknr. 18 – 2, 2018, Mischtechnik, Holz, 25x9cm

# Erdlinge

2017 – 2024

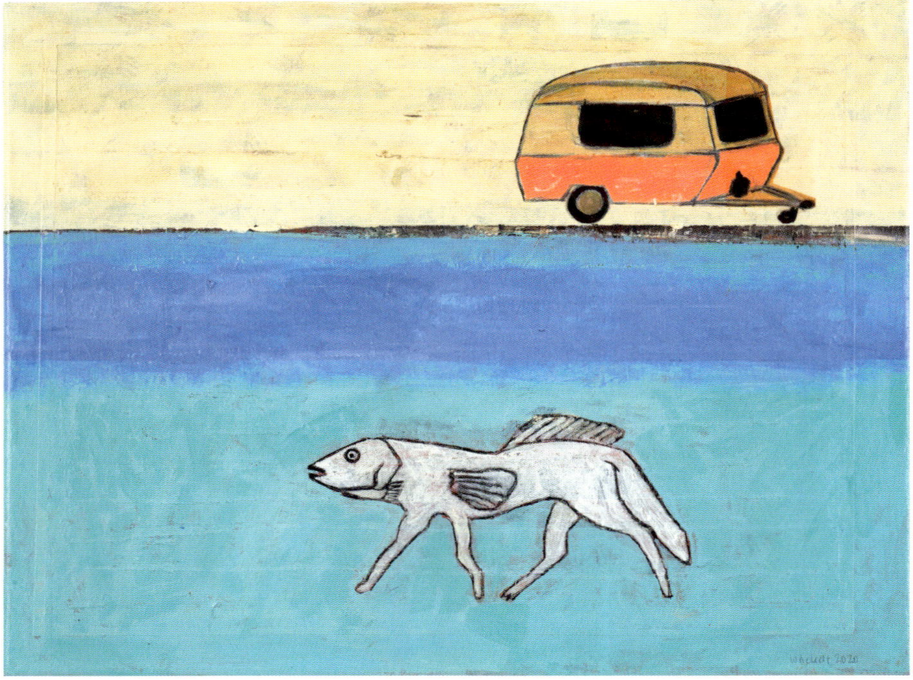

Werknr. 20 – 15, 2020, Mischtechnik, Leinwand, 35x45cm

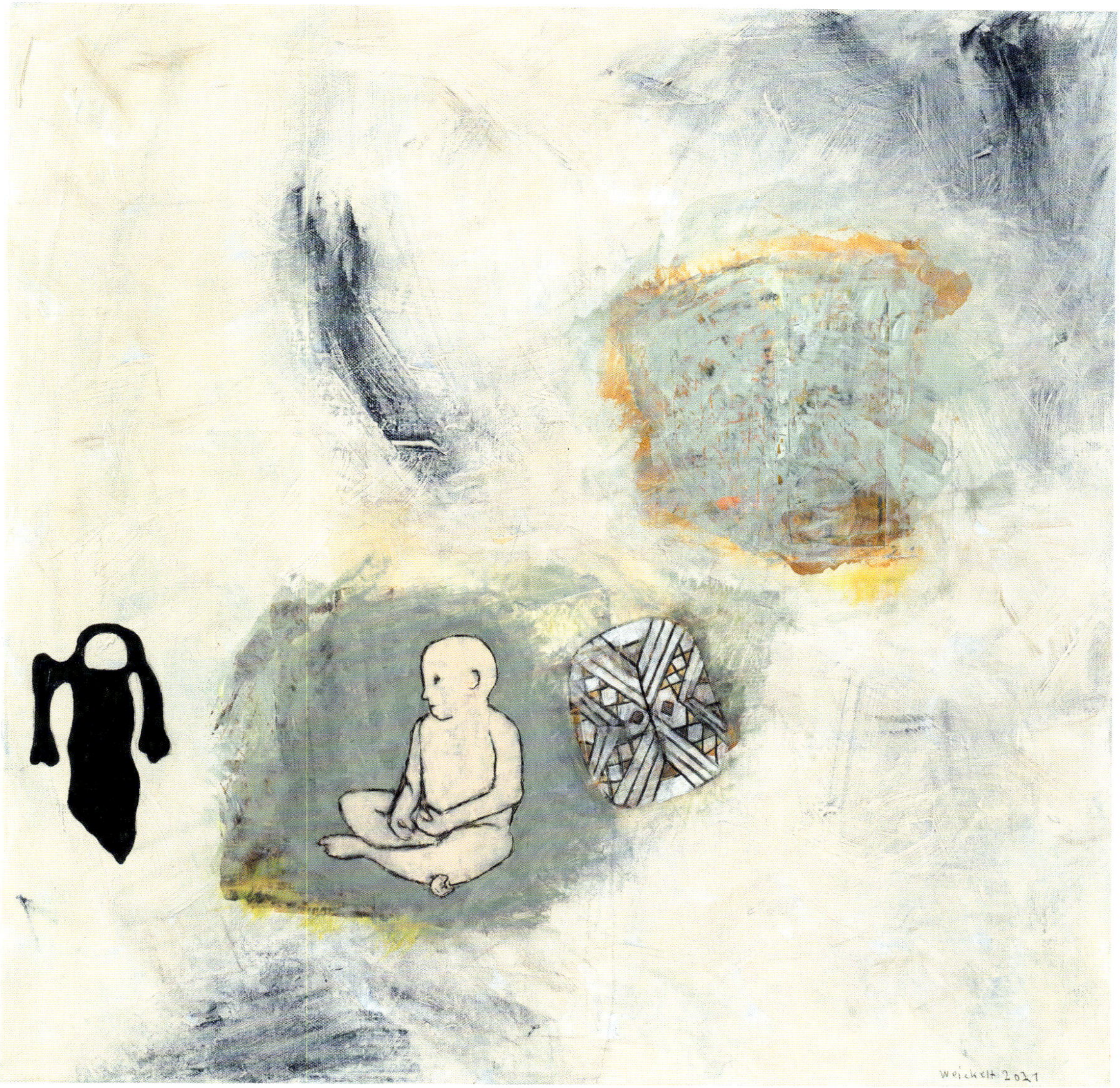


Werknr. 21 – 57, 2021, Mischtechnik, Leinwand, 58x58cm

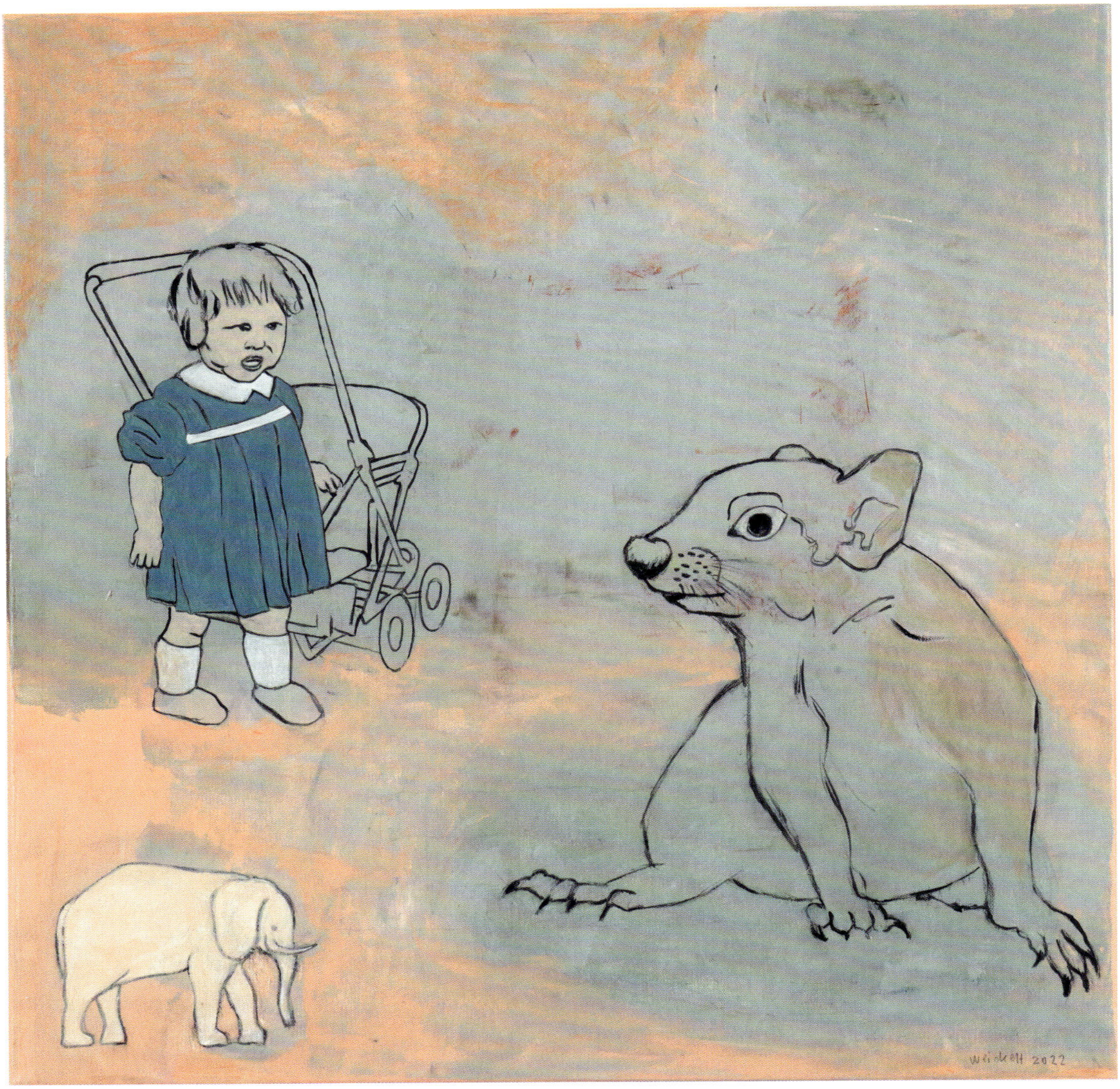

Werknr. 22 – 5, 2022, Mischtechnik, Leinwand, 60x60cm

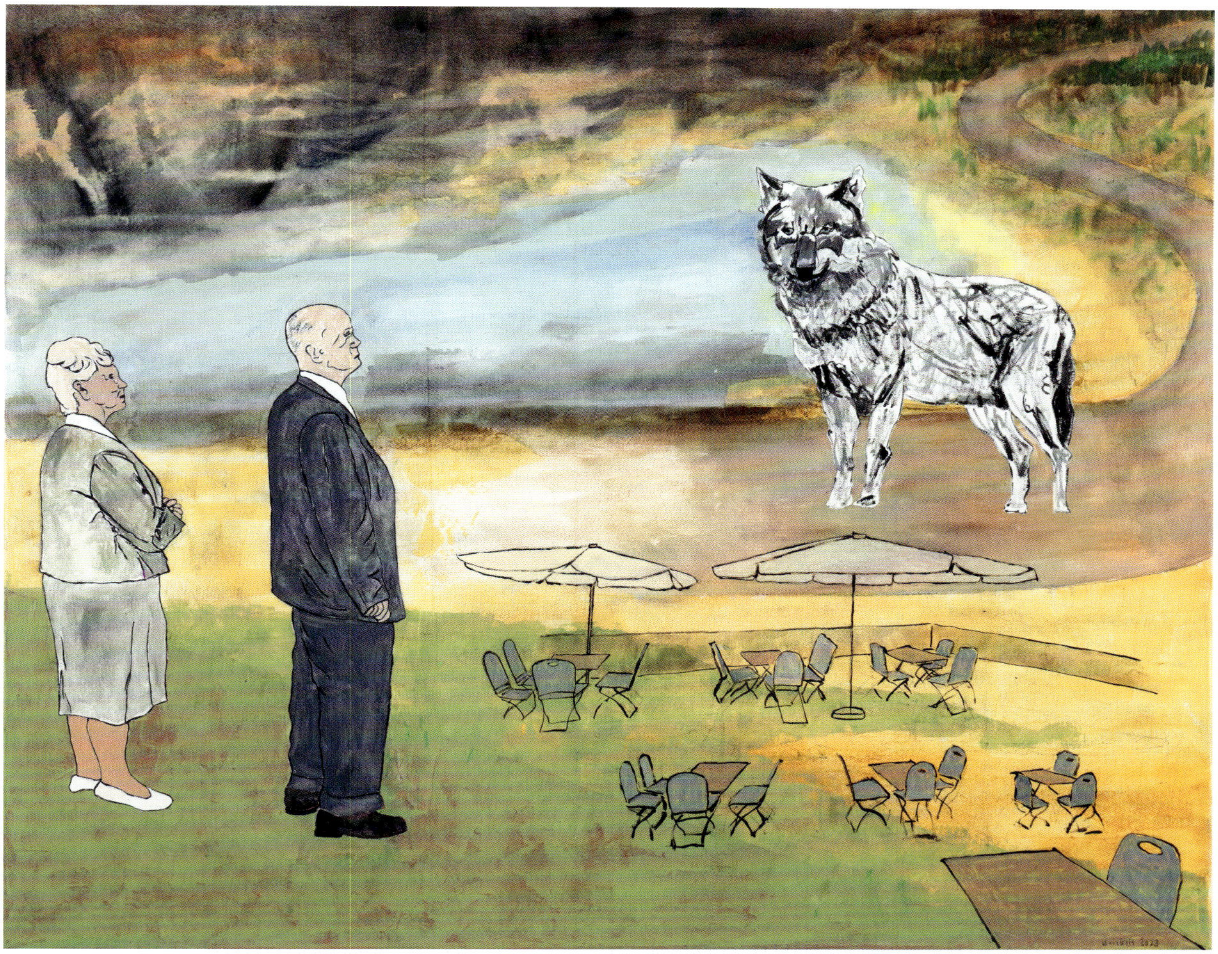

Werknr. 23 – 32, 2023, Mischtechnik, Leinwand, 85x105cm

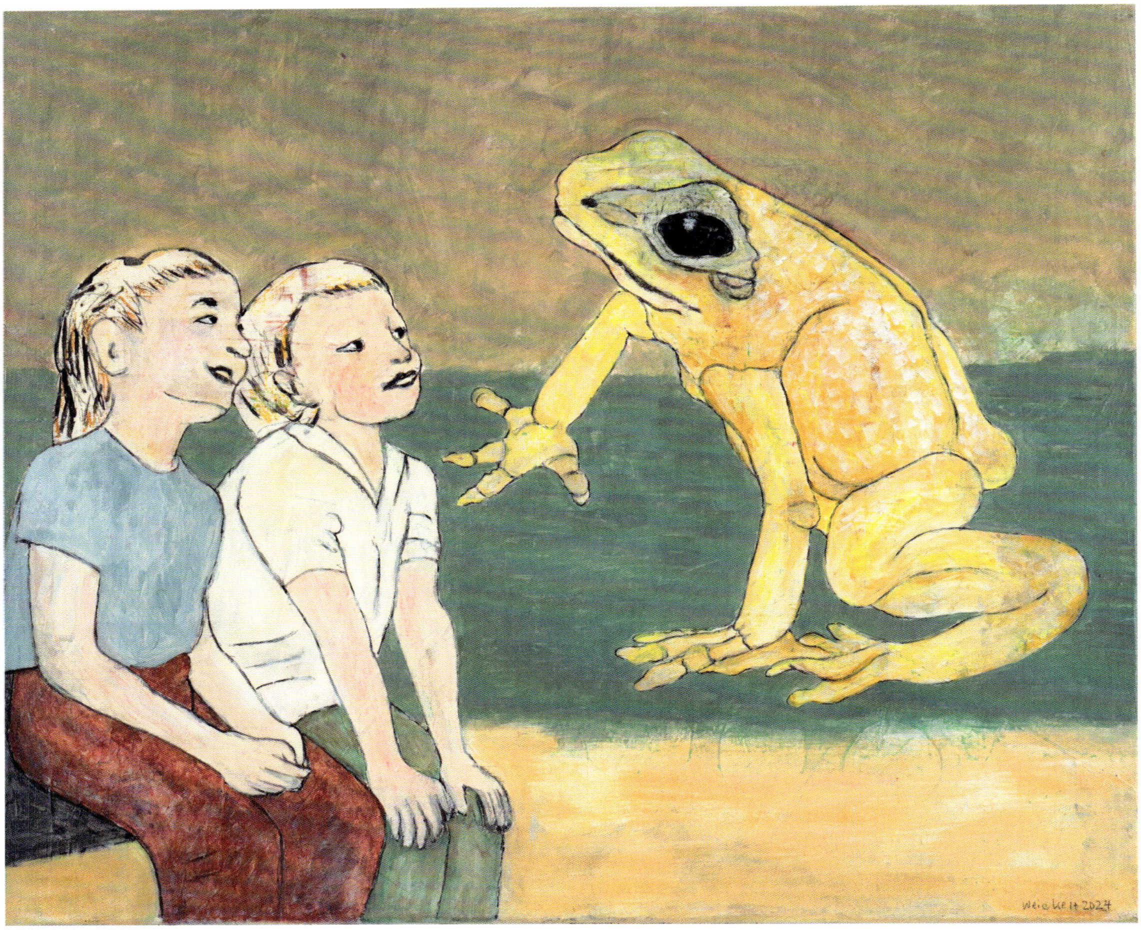

Werknr. 24 – 1, 2024, Mischtechnik, Leinwand, 50x60cm

# Plastiken

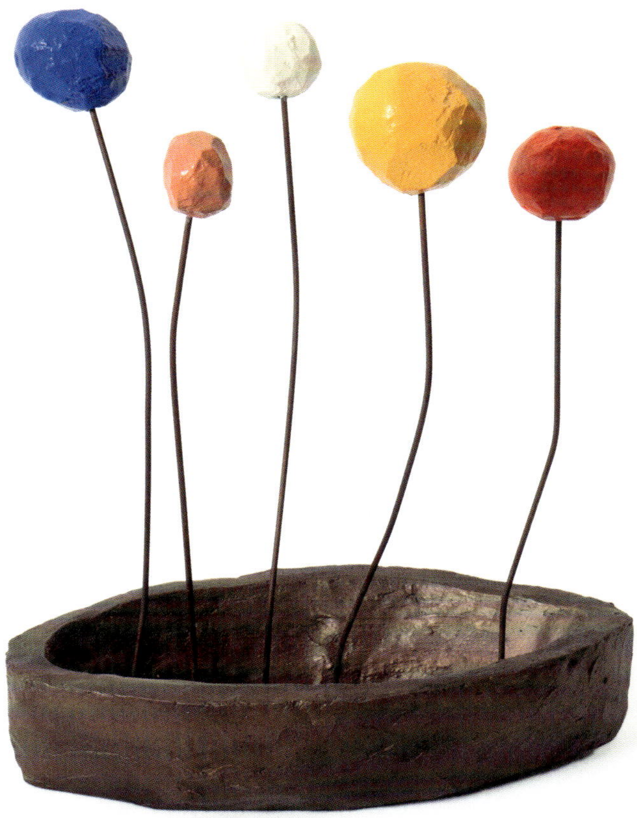

Werknr. 08 – 52, 2008, Bronze, z.T. bemalt, H 25 cm, L 20 cm, B 12 cm, signiert, nummeriert, Auflage 5

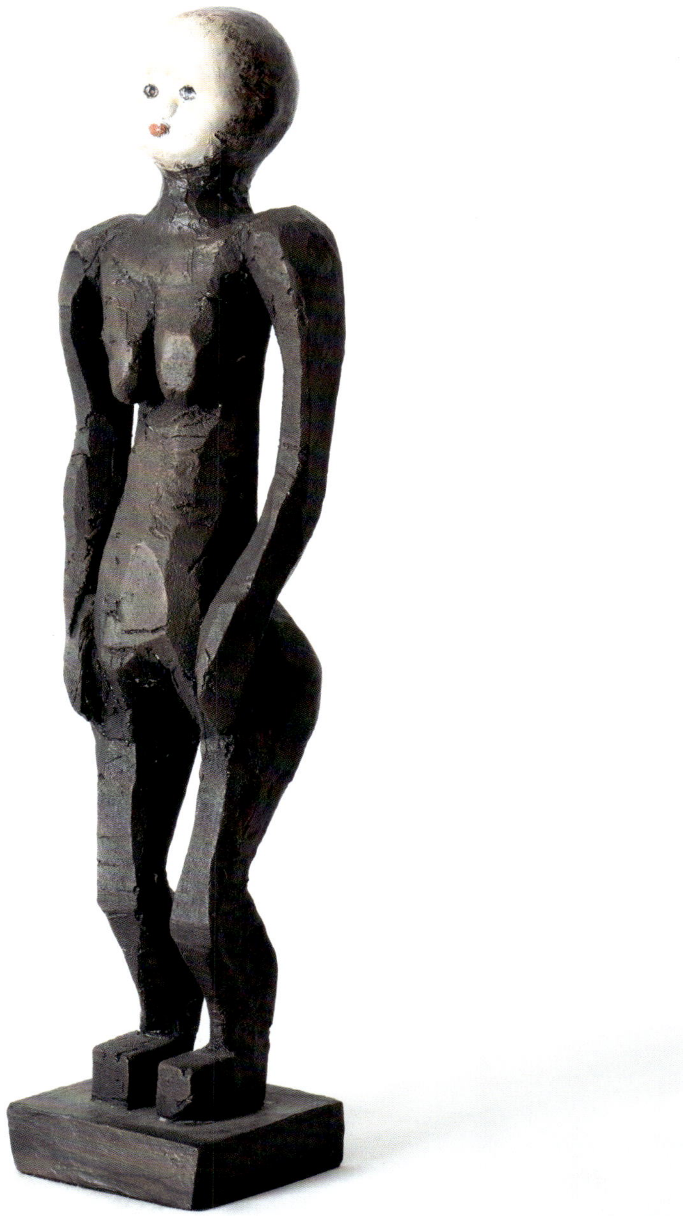

Werknr. 11 – 82, 2011, Bronze, z.T. bemalt, H 43cm, signiert, nummeriert, Auflage 5

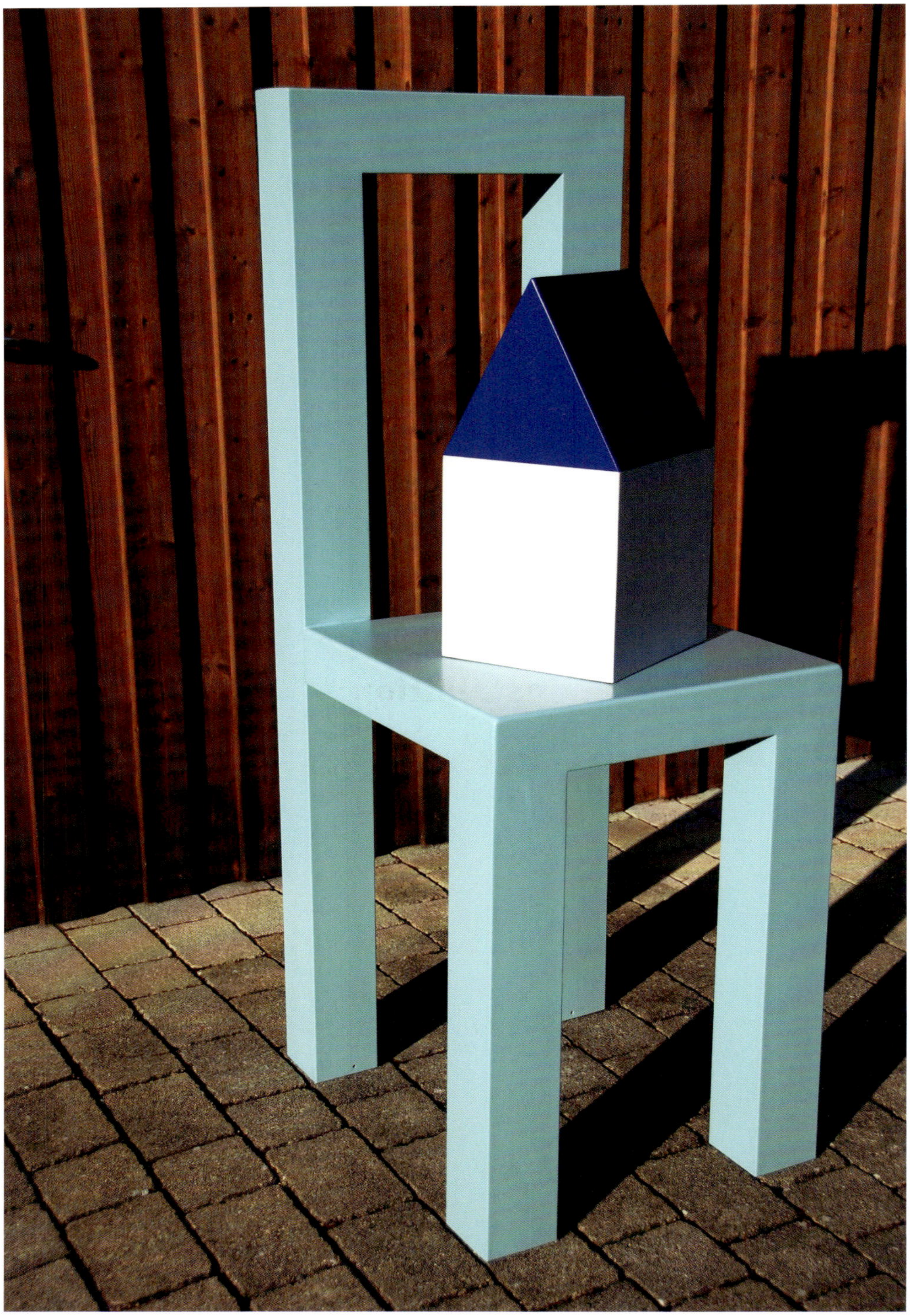

Werknr. 20 –2, 2020, Edelstahl, farbbeschichtet, H 140 cm, B 50 cm, T 60 cm

# Installation

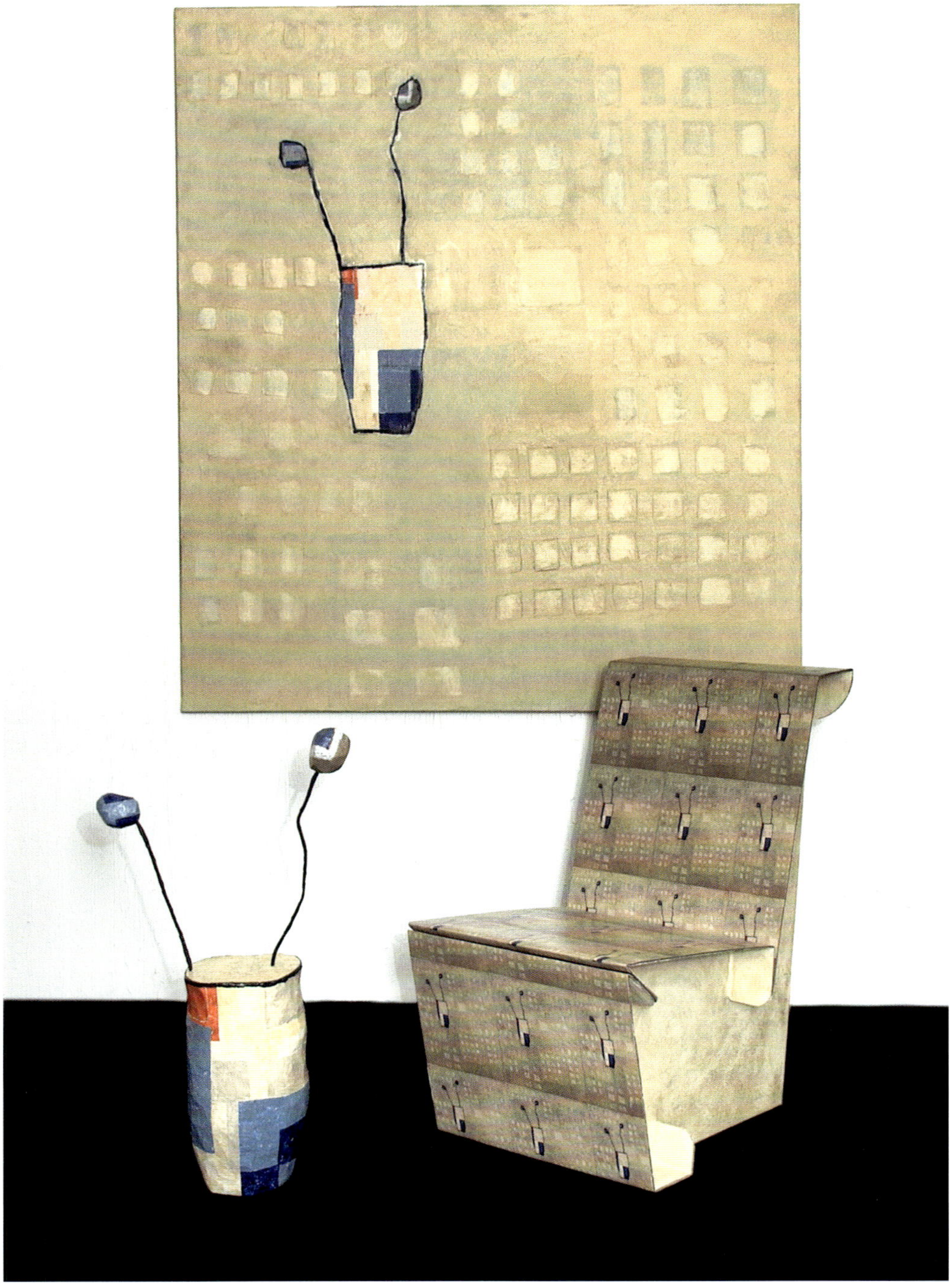

»Transformation«, Installation, Bild, Stuhl, Vase, Wilhelm-Hack-Museum, Ludwigshafen, 2004

# Kunst am Bau

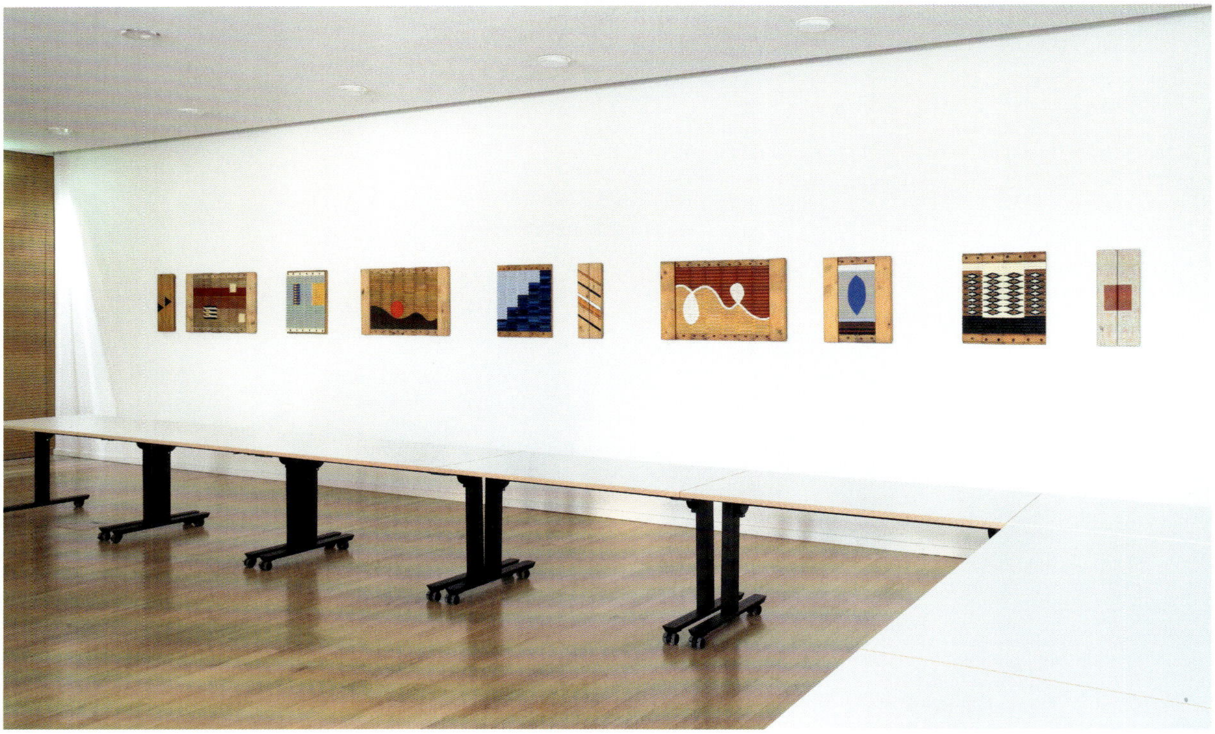

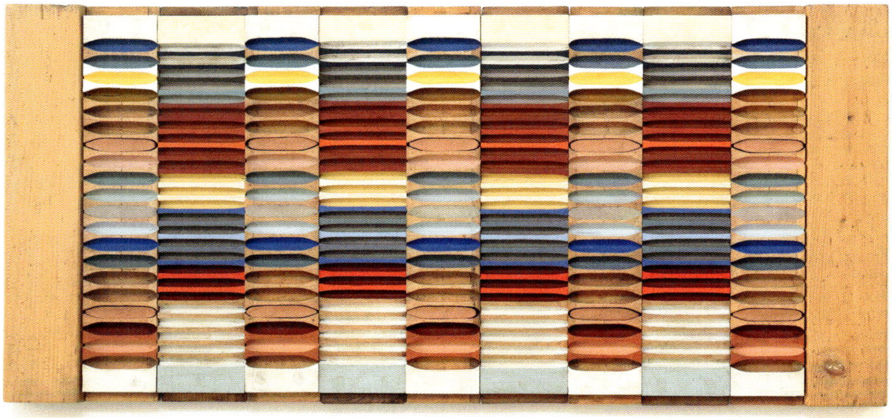

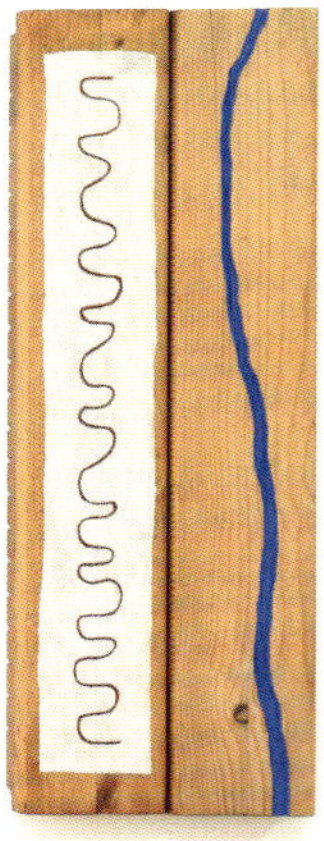

Raumgestaltungen Rathaus Dielheim, Zigarrenformen, Holz, Acrylfarbe, 2015

# Kunst im öffentlichen Raum

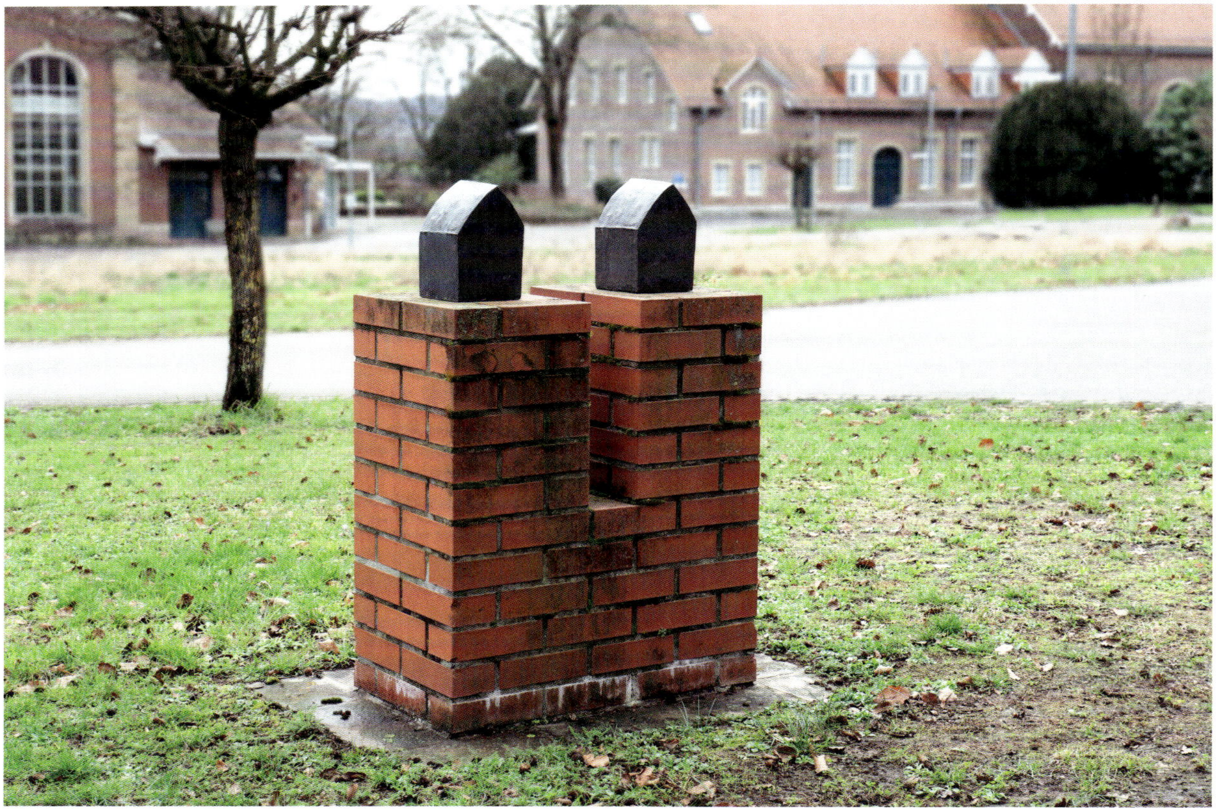

IRO-Denkmal (International Refugee Organization), »Doppelte Heimat«,
Bronze, Klinkersteine, Psychiatrisches Zentrum Nordbaden, 2007

# Performance

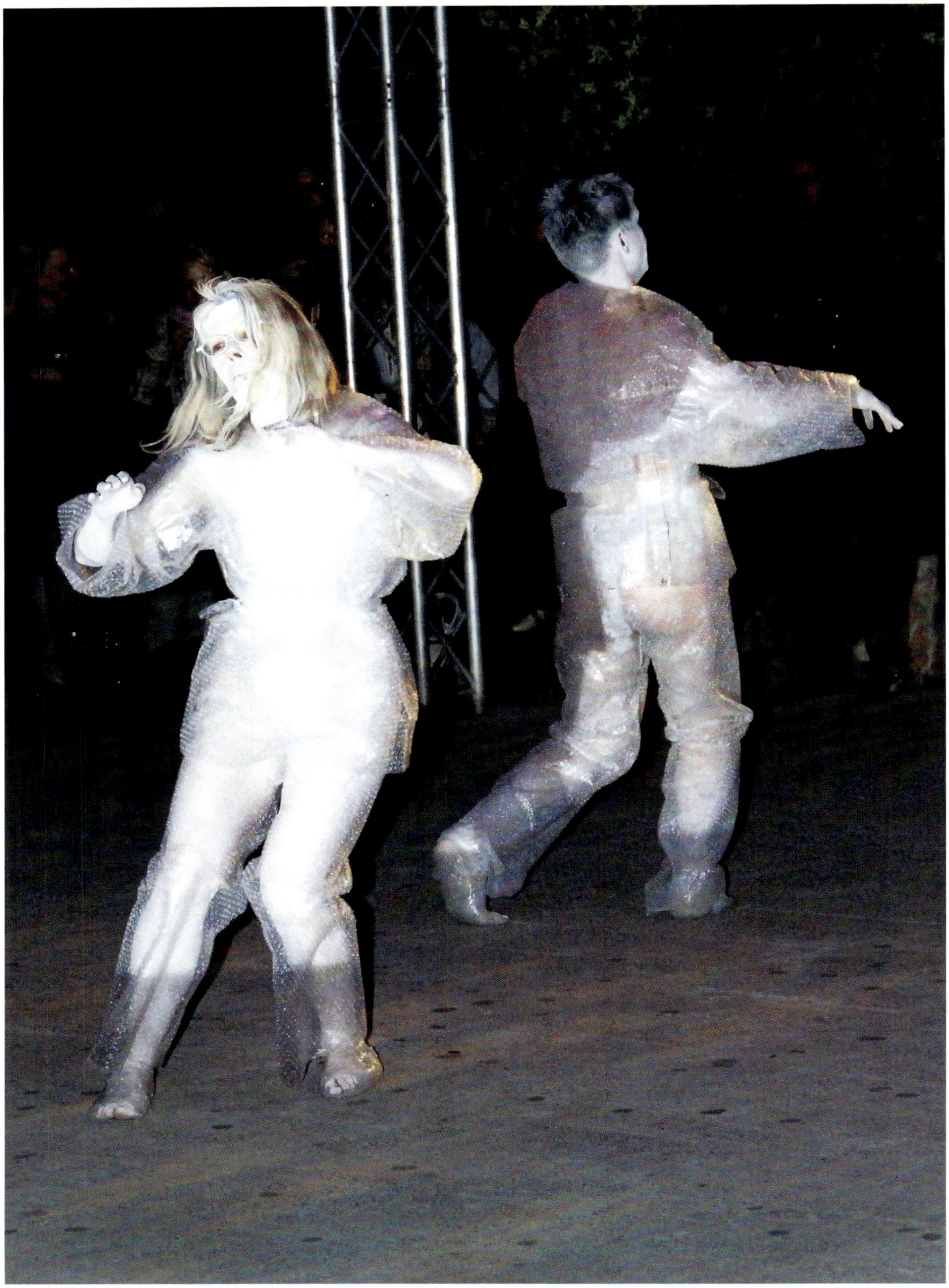

Butoh Tanzperformance, »Im Kraftwagenhof«, Industrietempel Mannheim, 2009

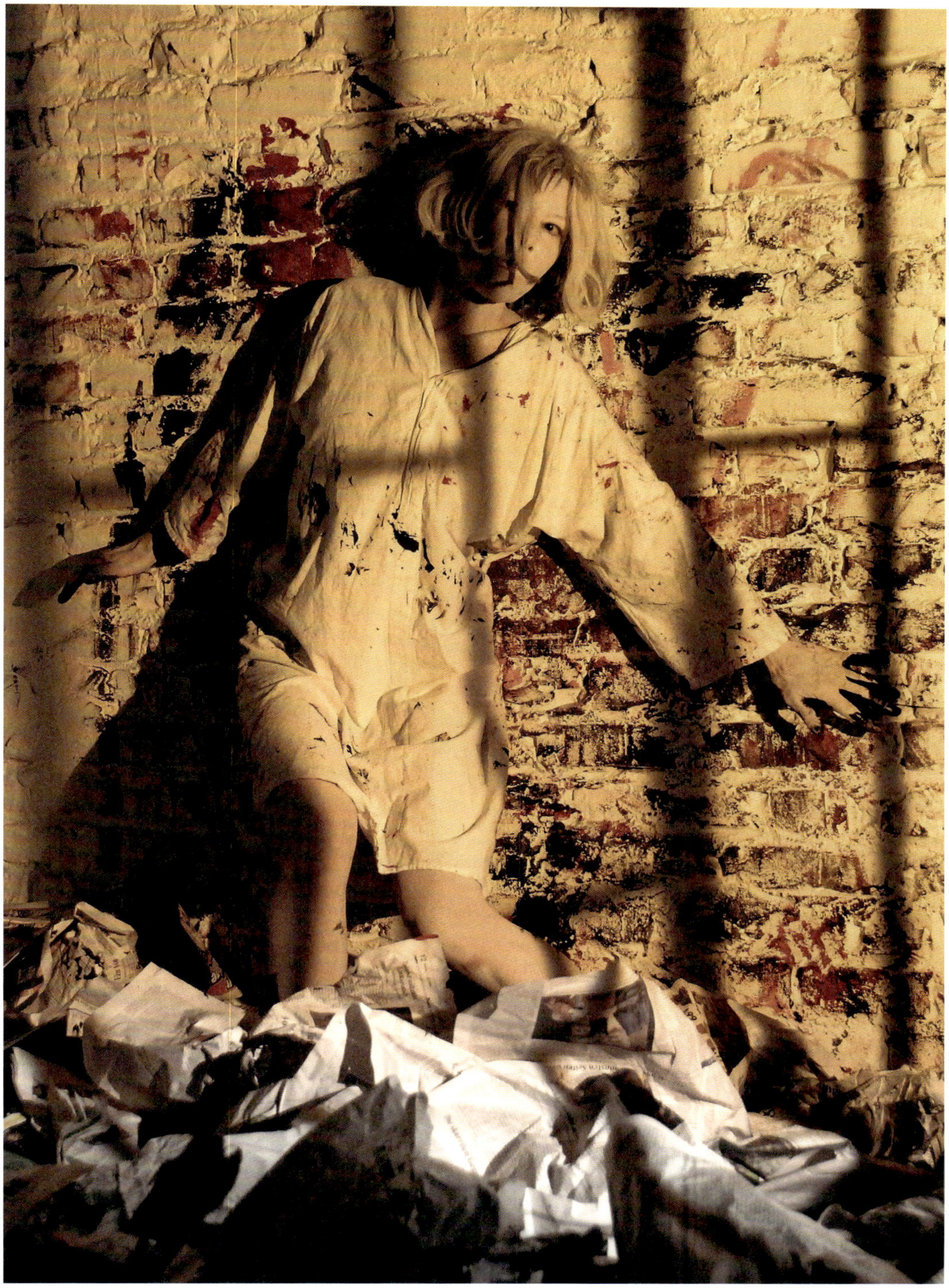

Butoh Tanzperformance, »Vor dem Wasser«, Regenwasserbecken
Ludwigshafen-Oggersheim, Industrietempel Mannheim, 2011

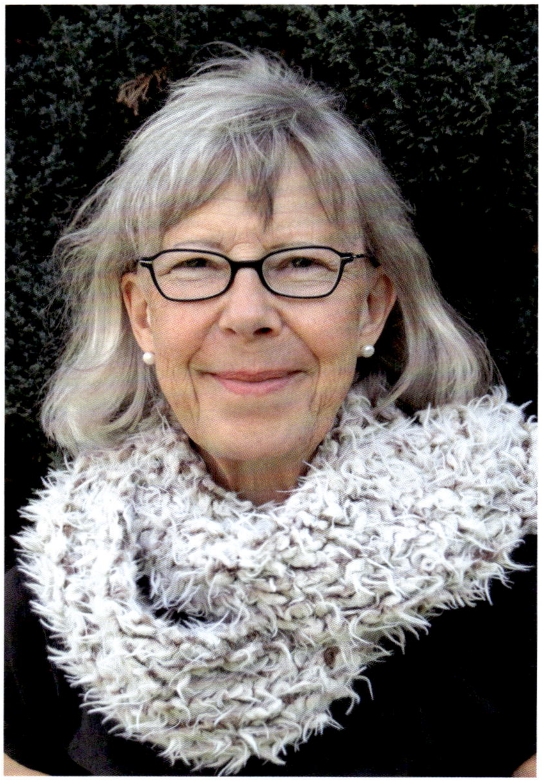

## Vita

1953 in Oldenburg i. O. geboren
Hochschulstudium und Promotion
1989–1993 Studium an der Freien Kunstakademie Mannheim
Projektstudium bei Siegfried Kaden

### Kunstpreise

1997 Welde-Kunstpreis
2004 Willibald-Kramm-Preis
2007 1. Kunstpreis Kunstkreis Südliche Bergstraße e. V. Wiesloch-Walldorf

### Öffentliche Sammlungen und Ankäufe

Bundesministerium f. Verkehr, Bau u. Wohnungswesen, Berlin
Bundesministerium der Verteidigung, Berlin
Regierungspräsidium Karlsruhe / Sammlung Rhein-Neckar-Kreis
Stadt Heidelberg / Stadt Walldorf / Stadt Wiesloch
Gemeinde Hirschberg / Gemeinde Dielheim
Universität Köln / Universität Heidelberg
Museum Haus Cajeth, Heidelberg / Museum Sammlung Prinzhorn, Heidelberg
SAP Walldorf
Kreiskrankenhaus Weinheim / Psychiatrisches Zentrum Nordbaden, Wiesloch

### Kunst am Bau / Kunst im Öffentlichen Raum

2005 Gestaltung Außenfassade Wohnhaus, Dielheim
2006 Wohnprojekt Albstadt, Wandmalerei, 112 m lfd. Wandfläche
2007 »IRO-Denkmal«, Psychiatrisches Zentrum Nordbaden, Wiesloch
2015 Kindergedenkstätte, Psychiatrisches Zentrum Nordbaden, Wiesloch
2015 Neues Rathaus Dielheim
2022 Ev. Kirche Wiesloch-Baiertal

### Mitgliedschaften

Berufsverband Bildender Künstler (BBK) Heidelberg
Heidelberger Künstlergruppe 79
GEDOK Mannheim / Ludwigshafen (1995–2004)
Künstlergemeinschaft »Der Anker« (1998–2012)
Künstlerbund Rhein-Neckar
Aufbruch 2001 e. V., Heidelberg (2010–2013)
Butoh Tanztheaterensemble »zwischenTanz«, Heidelberg (2008–2013)
KIS, Künstlerinitiative Schwetzingen

### Ausstellungen (Auswahl)
### (E = Einzelausstellung, K = Katalog)

1990 Kulturzentrum Alte Feuerwache, Mannheim
1991 Kunsthaus Wiesbaden (K)
1993 Galerie Augenblick, Mannheim (E)
1994 Heart Gallery, Mannheim
Kreiskulturwoche Rhein-Neckar-Kreis 1994/95 (K)
1995 Galerie Haas, Viernheim (E)
Künstlerverband Simferopol, Ukraine
1996 Kunsthalle Barmen, Wuppertal
Durlacher Vernissage, Karlsruhe
Kunstverein Leimen mit Thomas Linder

1997 Haus der Kultur, Bonn (E)
Landesmuseum für Technik und Arbeit, Mannheim
Schloß Heidelberg
1998 Museum Baden, Solingen
Galerie Dagmar Hensel, Karlsruhe (E)
Werkstattgalerie Heidelberg
Galerie Hohmann, Walsrode
1999 Mannheimer Kunstverein
Wilhelm-Hack-Museum, Ludwigshafen (K)
Galerie Kultur unterm Turm, Stuttgart (K)
Visual Art Association, Rehovot, Israel
2000 Kunstverein Schwetzingen mit Sofi Zezmer (K)
Pavillon im Alten Botanischen Garten, München
Rudolf-Scharpf-Galerie, Ludwigshafen
2001 Galerie Dagmar Hensel, Karlsruhe (E)
Museum Theo Kerg, Schriesheim (E)
2002 Galerie Artlantis, Bad Homburg
Forum für Kunst, Heidelberg
Wilhelm-Hack-Museum, Ludwigshafen (K)
2003 Galerie der Bayerischen Landesbank, München (K)
Kunstverein Germersheim
Kulturhaus Wiesloch, Kunstkreis Südl. Bergstrasse (E, K)
2004 Kunstverein Neckar-Odenwald, Mosbach (E)
Hartgallery, Palm Desert, USA
Galerie im Historischen Rathaus, Andernach
2005 Wilhelm-Hack-Museum, Ludwigshafen (K)
Stadthaus Ulm (K)
Musée Fabre, Montpellier
2006 Kunstverein Brackenheim (E)
Heidelberger Kunstverein »Einfachheit« (E, K)
2007 Kunstverein Leimen
Galerie Depelmann, Walsrode (E, K)
Rudolf-Scharpf-Galerie, Ludwigshafen
Kunst im Breitspiel, Heidelberg
2008 Kunstverein Bad Dürkheim, Künstlerbund Rhein-Neckar
2009 Kunsthalle Herrenhof, Neustadt-Mußbach
Kunstverein Schwetzingen (E, K)
Forum für Kunst, Heidelberg
2010 »Mein Haus«, Sparkasse Heidelberg (E, K)
Kunstverein Neckar-Odenwald, Mosbach (E)
2011 Kunstraum Vincke-Liepmann, Heidelberg (E)
Galerie Hodler, Thun, Schweiz
2012 Galerie Depelmann, ART Innsbruck, one-woman-show (E, K)
Stadtbücherei Heidelberg, Willibald-Kramm-Preis-Stiftung (E)
Galerie Alte Apotheke, Walldorf (E)
2013 Schloss Schwetzingen, Künstlerbund Rhein-Neckar
Galerie Unterlechner, Schwaz, Österreich
2014 Haus Cajeth, Heidelberg, Arbeiten zu Minna Ennulat (E, K)
Welde-Kunstpreis Retrospektive, Stadtgalerie Mannheim
Kunsthaus Viernheim
2015 Herrenhof Mußbach, Künstlerbund Rhein-Neckar
Künstlergruppe KIS, Orangerie Schwetzingen
Rosengarten Mannheim, Künstlerbund Rhein-Neckar
2016 Fraunhofer Institut Karlsruhe, mit Michael Stadter
Galerie Kreisarchiv Rhein-Neckar, Künstlerbund Rhein-Neckar
2017 Kunstraum Vincke-Liepmann, Heidelberg (E)
2018 Galerie Depelmann, Walsrode (E)
Villa Meixner, Brühl mit Michael Stadter

2020 Forum für Kunst, Heidelberg
2021 Kunstraum Vincke-Liepmann, Heidelberg (E, K)
2022 Forum für Kunst, Heidelberg
Galerie Depelmann, Walsrode (E)
KIS, Künstlerinitiative Schwetzingen, ART Schwetzingen
2023 Radiale, 50 Jahre Kunst im Kreis, Dilsberg Kommandantenhaus (K)
»Animal«, Künstlerhaus Karlsruhe
2024 Kunstraum Vincke-Liepmann, Heidelberg (E)
Kunstverein Bretten mit Norbert Nolte
Retrospektive, Kurpfälzisches Museum, Heidelberg (E, K)
2025 Künstlerbund Dresden, Dresden

**Messebeteiligungen (Galerie Depelmann)**
Ambiente Frankfurt 2006, 2007
Cologne Fine Art 2006
ART Karlsruhe 2006 bis 2022
ART Innsbruck 2006, 2009, 2012 (one-woman-show), 2015
Kunstmesse Hannover-Herrenhausen 2006
Kunstmesse Hamburg 2006
ART Bodensee, Dornbirn, Österreich 2006, 2007
Frankfurter Buchmesse 2007
Cologne Fine Art 2008
Messe Hannover Herrenhausen 2008
ART Bodensee 2008
COLOGNE PAPER ART 2013
Art Salzburg 2018
Affordable Art Fair Hamburg 2018

**Performances**
2009 »Im Kraftwagenhof«, Butoh-Tanzperformance, Industrietempel Mannheim
2010 Butoh-Tanzperformance, Salon, Aufbruch 2001 e. V., Glashaus Ladenburg
Butoh-Tanzperformance, Salon, Aufbruch 2001 e. V., Völkerkundemuseum Heidelberg
2011 »Vor dem Wasser«, Butoh-Tanzperformance, Unterirdisches Regenwasserbecken Ludwigshafen-Oggersheim, Industrietempel Mannheim
2011 Lange Nacht der Museen, Butoh-Tanzperformance, Mannheimer Hafen
2012 »Graue Wiese«, Butoh-Tanzperformance, Aufbruch 2001 e. V., Friedrich-Ebert-Platz, Heidelberg
2023 Meritokratie, Technisches Rathaus Mannheim, Industrietempel Mannheim

## Bibliographie


Himmelheber, Susanne
in: Atelier und Künstler, 6. Kreiskulturwoche 1994/95, Rhein-Neckar-Kreis, 1994

Gassen, Richard W
in: Entgrenzt, Wilhelm-Hack-Museum, Ludwigshafen, 1999

Wiesenmeyer, Ingrid
in: Elke Weickelt, Kunstverein Schwetzingen, 2000

Colakyan, Hermann
in: Elke Weickelt, Galerie Dagmar Hensel, Karlsruhe, 2000

Schweizer, Hartmuth
in: Dokumentation Kunstpreis der Stadt Walldorf und SAP AG, Walldorf, 2001

Brähler, Barbara
in: Kunstverein Leimen 1981 >> 2001

Riedl, Peter Anselm
in: Natur und Umwelt als Themen der Kunst heute, 12. Kreiskulturwoche, Rhein-Neckar-Kreis, 2001

Kiefer, Theresia
in: Erinnerungen, 50 Jahre Anker, Wilhelm-Hack-Museum, Ludwigshafen, 2002

Brähler, Barbara
in: Erinnerungen, 50 Jahre Anker, Wilhelm-Hack-Museum, Ludwigshafen, 2002

Riedl, Peter Anselm
Zur Malerei Elke Weickelts, in: Malerei hoch 5, Galerie der Bayerischen Landesbank, München, 2003

Schüren, Hermann-Josef
Wohin gehen wir, wenn wir schauen, in: Ungerade, Kulturhaus Wiesloch, Aventis Pasteur MSD, Wiesloch/Leimen, 2003

Gercke, Hans
Annäherungen – Zu den Arbeiten von Elke Weickelt, in: Ungerade, Kulturhaus Wiesloch, Aventis Pasteur MSD, Wiesloch/Leimen, 2003

Weskott, Hanne
in: Thema Kreis, 15. Kreiskulturwoche, Rhein-Neckar-Kreis, 2004

Schweizer, Hartmuth
in: einfach setzen, Rathaus Walldorf, 2004

Fath, Manfred
in: Pflegekunst, Sozialministerium Baden-Württemberg, Stuttgart, 2005

Lehmann, Ulrike
in: Spüren – aufspüren, nachspüren, Künstlergemeinschaft Der Anker e. V., Wilhelm-Hack-Museum, Ludwigshafen, 2005

Gercke, Hans
Von der Paradoxität und Komplexität der Einfachheit, in: Elke Weickelt, Heidelberger Kunstverein, 2006

Klosterkötter, Joachim
Einige Überlegungen zur Bedeutung der Einfachheit
in: Elke Weickelt, Heidelberger Kunstverein, 2006

Schüren, Hermann-Josef
Die Entdeckung der Einfachheit
in: Elke Weickelt, Heidelberger Kunstverein, 2006

Michaelis, Axel
Askese und die Kunst des Einfachen
in: Elke Weickelt, Heidelberger Kunstverein, 2006

Gercke, Hans
in: Elke Weickelt, Galerie Depelmann, Walsrode, 2007

Hohenadl, Stefan
in: Mein Haus – Mein Boot, Forum für Kunst Heidelberg, 2007

Schuth, Dietmar
Ein geometrisches Theater, in: – wenn es ganz anders ist..., Kunstverein Schwetzingen, 2009

Schuth, Dietmar
»Mein Haus«, in: Elke Weickelt – Kunst im Blickpunkt, Sparkasse Heidelberg, 2010

Gercke, Hans
Einfach Anders, in: Elke Weickelt, wie immer - einfach anders, Galerie Depelmann, Walsrode, 2012

Gercke, Hans
Wege in zweierlei Richtungen, in: Arbeiten zu der naiven Kunst von Minna Ennulat,
Museum Haus Cajeth, Heidelberg, 2014

Rau, Hansi
in: Spaziergang im Park, Psychiatrisches Zentrum Nordbaden, Wiesloch, 2020

Reinhard, Antje
in: Störenfried, Kunstraum Vincke-Liepmann, Heidelberg, 2021

Buderer, Hans-Jürgen
in: Radiale 2023, 50 Jahre Kunst im Kreis, Rhein-Neckar-Kreis, 2023

Hoge, Kristina
in: Elke Weickelt Retrospektive, Kurpfälzisches Museum, Heidelberg, 2024

Reinhard, Antje
SoSein und DaSein, in: Elke Weickelt Retrospektive, Kurpfälzisches Museum, Heidelberg, 2024

Impressum

Herausgegeben von Elke Weickelt in Zusammenarbeit
mit der Stadt Heidelberg
Gestaltung: Elke Weickelt, Leonard Keidel/philotypen.de
Texte: Dr. Kristina Hoge, Antje Reinhard
Druck: NINO Druck GmbH, Neustadt/Weinstraße
Fotografie: Dorothea Burkhardt, Tom Starzinski



Bibliographische Information der Deutschen Bibliothek
Die Deutsche Bibliothek verzeichnet diese Publikation in der Deutschen Nationalbibliografie; detaillierte bibliografische Daten sind im Internet über www.dnb.de abrufbar.

ISBN: 978-3-88423-719-9

Verlag das Wunderhorn GmbH,
Rohrbacher Straße 18, D-69115 Heidelberg
www.wunderhorn.de

Dieser Katalog erscheint anlässlich der Ausstellung »SoSein und DaSein«, Elke Weickelt, Retrospektive, im Kurpfälzischen Museum der Stadt Heidelberg vom 13. Juli bis 8.September 2024

Titelabbildung:
Werknr. 07 – 27, Ausschnitt

Mit freundlicher Unterstützung von Heidelberg

WWW.WUNDERHORN.DE